Inhalt
Contents

Cover: Karin Sander: *Erdbeere / Strawberry*
Aus der Serie / from the series *Kitchen Pieces*, 2012

JUNG
KNX RAUMCONTROLLER
LS TOUCH
21.0°C
TÜRDRÜCKER
FSB 1267
TASTER LS 990
MADE TO TOUCH.
SWITCH TO COLOUR.
DAS LEBEN IST POLYCHROM –
MIT LÖSUNGEN VON JUNG UND FSB
IN 32080 ORANGE – EINE DER 63
LES COULEURS® LE CORBUSIER FARBEN.
JUNG.GROUP/LC
Les Couleurs®
Le Corbusier

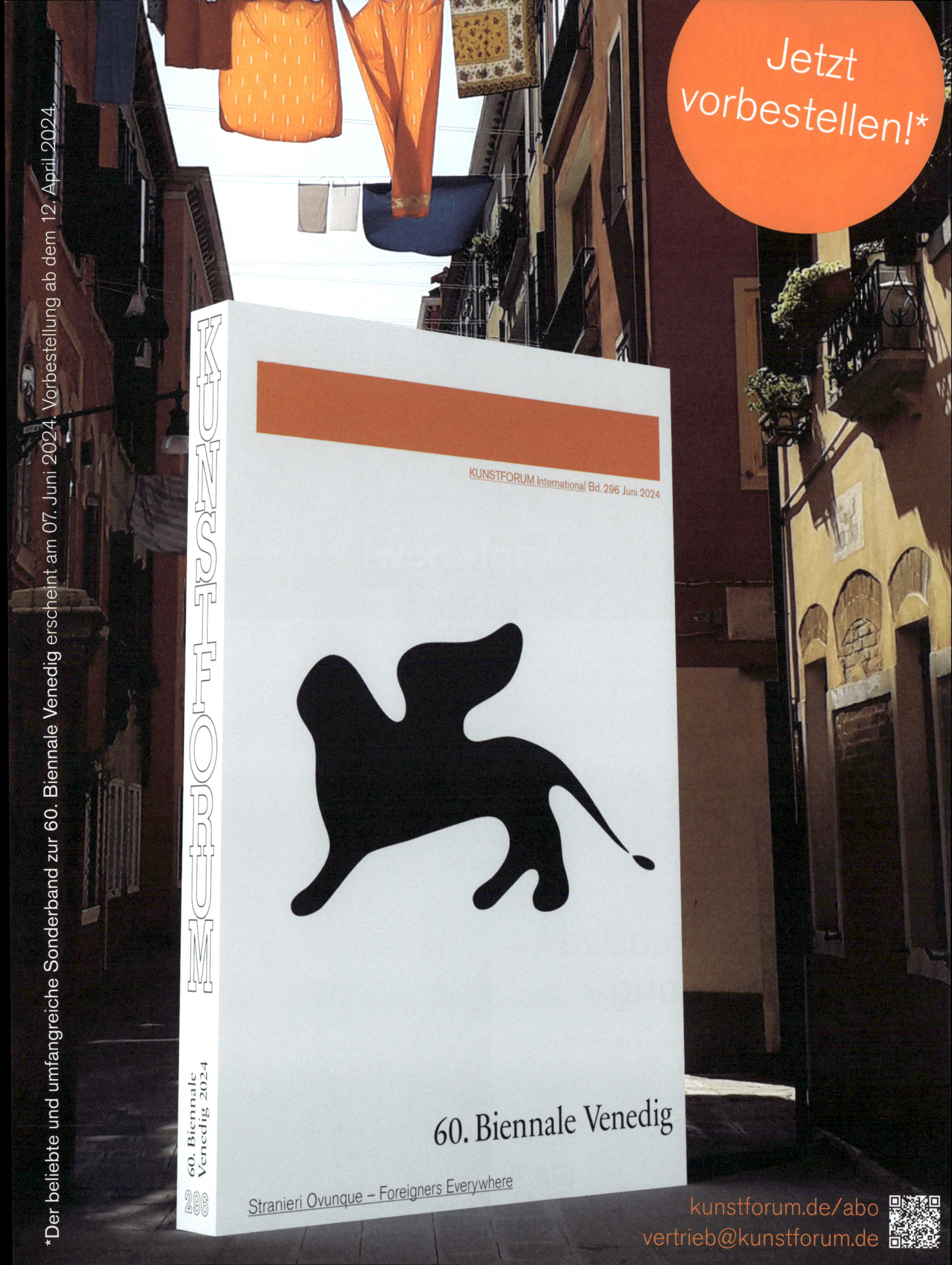
Jetzt vorbestellen!*
KUNSTFORUM
KUNSTFORUM International Bd. 296 Juni 2024
60. Biennale Venedig
Stranieri Ovunque – Foreigners Everywhere
60. Biennale Venedig 2024
296
kunstforum.de/abo
vertrieb@kunstforum.de
*Der beliebte und umfangreiche Sonderband zur 60. Biennale Venedig erscheint am 07. Juni 2024. Vorbestellung ab dem 12. April 2024.

BG
Closer to Nature
Bauen mit
Pilz, Baum, Lehm
16.2.—14.10.24
BERLINISCHE GALERIE
MUSEUM FÜR MODERNE KUNST

VALSER STEIN
Valser Quarzit- entstanden vor Jahrmillionen geben wir ihm die vollendete Form, um auf Reisen zu gehen – als umweltverträgliches, nachhaltiges Material.
Truffer AG, Natursteinwerk, CH-7132 Vals
www.truffer.ch

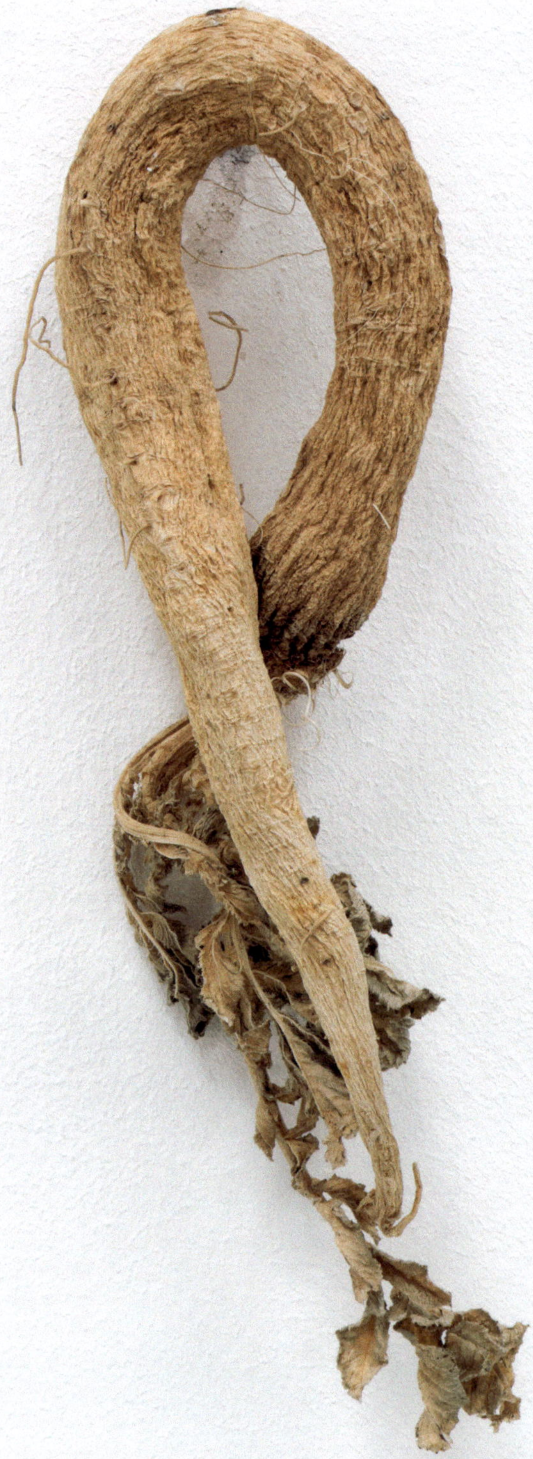

Künstlerpublikationen haben nicht nur eine wichtige Vermittlungsfunktion, sondern sie sind auch oftmals ein eigenständiges künstlerisches Ausdrucksmedium. Bei der Einladung an die Künstlerin Karin Sander, diese monografisch angelegte Ausgabe zu konzipieren, hatten wir uns Impulse von ihrer Arbeitsweise gewünscht, die darin besteht, in die Strukturen von Räumen und Institutionen einzugreifen, um sie zu verändern, neu zu kontextualisieren, anders lesbar und damit auch aneigbar zu machen. Dieses Prinzip der Aneignungsoffenheit hat sie auch auf die ARCH+ angewendet und ein Heft entwickelt, das das Verhältnis von Kunst und Architektur als benachbarte Disziplinen reflektiert.

Beyond their purpose of mediating an artist's practice, artists' books are often media of artistic expression in their own right. In extending an invitation to artist Karin Sander to collaborate on this monographic issue, we expressly wanted to be influenced by her practice, which hinges on interventions in the structures of spaces and institutions in order to modify and recontextualize them, offering a new legibility and possibilities of reappropriation. She applied this principle to ARCH+ and devised an issue reflecting on the relation between art and architecture as neighboring disciplines.

Melissa Makele und Anh-Linh Ngo im Gespräch mit Karin Sander

Offen heit als gesellschaftliche U topie

Anh-Linh Ngo: Diese Ausgabe, die sich mit deinem künstlerischen Werk auseinandersetzt, lief von Anfang an unter dem Arbeitstitel ARCH+KUNST. Damit wendest du ein Grundprinzip deiner künstlerischen Praxis auf die ARCH+ selbst an, die du als Ausgangsmaterial veränderst. Indem du das Logo erweiterst, erweiterst du auch den Rahmen der Ausgabe, die sich damit automatisch nicht nur um dein Werk dreht, sondern grundsätzlicher das Verhältnis von Architektur und Kunst zur Diskussion stellt. Der Titel spiegelt auch die Tatsache wider, dass du von 2007 bis 2023, über 15 Jahre, die Professur „Architektur und Kunst" an der ETH Zürich innehattest. Wie bringt man Architekt*innen Kunst bei?

Anh-Linh Ngo: From the very beginning, you called this issue ARCH+KUNST (architecture and art). It is a striking title, because it applies a basic principle of your artistic practice to ARCH+ itself, which becomes the source material for you to modify. By expanding the journal's logo, you broaden the framework of the issue, which is therefore about more than just your work and instead offers up for discussion the fundamental relation between architecture and art. The title also alludes to your 15-year tenure as Chair of Architecture and Art at ETH Zurich, where you taught from 2007 until 2023. How do you teach art to architects?

Karin Sander:

Studierende auf Sockeln, Haltungsübungen, 13.10.2021, Studierende der Architektur und Kunst, ETH Zürich, Hauptgebäude (Gottfried Semper), ca. 300 Studierende, ca. 320 Holzsockel (je 35 × 14 × 14 cm)

Students on Plinths, posture exercises, October 13, 2021, students of architecture and art, ETH Zurich, main building (Gottfried Semper), ca. 300 students, ca. 320 wooden plinths (35 × 14 × 14 cm each)

Melissa Makele and Anh-Linh Ngo in conversation with Karin Sander

Openness as Social Utopia

Melissa Makele: Im Lehrplan der klassischen Architekturausbildung gibt es das Fach Bildnerisches Gestalten, das den angehenden Architekt*innen künstlerisches Handwerkszeug wie Freihandzeichnen oder plastisches Gestalten vermitteln soll. Die Aufgabenverteilung zeugt dabei von einem instrumentellen Verhältnis der Architektur zur Kunst. Dabei hat sich die Architektur mit dem Postulat, die Mutter aller Künste zu sein, immer wieder selbst aufgewertet. Auf deiner Institutshomepage beschreibst du das Verhältnis zwischen Architektur und Kunst hingegen als eine produktive Spannung. Wie schafft man es, die Autonomie der beiden Bereiche aufrechtzuerhalten und nicht in einen falsch verstandenen Wettkampf zu geraten?

Melissa Makele: Traditionally, curricula for architecture studies incorporate a course in representational techniques with the purpose of equipping students with artistic tools, such as freehand drawing or modeling. The premise shows the instrumental relation between architecture and art. Time and again, architecture has tried to enhance its status as the "mother of all arts." Your institute's website, by contrast, describes their relation as much more of a productive tension. How do you retain the autonomy of the two areas without getting caught up in an ill-conceived competition?

Karin Sander:

Tischkritik, mit Nikolai von Rosen (17. und 18.12.2013) im Ausstellungsraum Maria HIL-F, ETH Zürich

Tischkritik, with Nikolai von Rosen (December 17–18, 2013) in the exhibition space Maria HIL-F, ETH Zurich

Anh-Linh Ngo: Architekt*innen sind immer mit einer sehr konkreten Aufgabe konfrontiert, Architektur ist stets zweckgebunden. Viele nehmen diese Aufgabe mit der Haltung von Dienstleister*innen wahr. Doch um zu interessanten Lösungen zu kommen, die über die reine Zweckerfüllung hinausgehen, muss man die Aufgabenstellung kritisch hinterfragen. In deiner künstlerischen Praxis vermittelst du die Fähigkeit, Perspektiven umzukehren und das Bestehende neu zu sehen. Gerade das Staunen über andere Wahrnehmungsschichten in alltäglichen Situationen und Dingen steht im Zentrum deiner Arbeit. Wie bringt man die Realität zum Schwingen?

Anh-Linh Ngo: Architects are always confronted with a very specific task; architecture is always purpose-driven. Many architects take on this task with the attitude of service providers. But to come up with interesting solutions that go beyond mere functional compliance, you have to challenge the task critically. In your artistic practice, you demonstrate an ability to reverse perspectives and see the existing in a new light. The amazement at additional layers of perception in everyday situations and objects is at the heart of your work. How do you shift reality?

Karin Sander:

Gebrauchsbilder, 2019, Haus am Waldsee, Berlin, 53 weiß grundierte Leinwände in unterschiedlichen Größen
Patina Paintings, 2019, Haus am Waldsee, Berlin, 53 white primed canvases in various sizes

Anh-Linh Ngo: Die Frage der Realitätsverschiebung lässt sich in Bezug auf die *Kitchen Pieces* konkret diskutieren. Sie stellen ein wichtiges Werk in deinem Œuvre dar und sind ein Hauptbestandteil dieser Ausgabe. Für die Arbeit greifst du auf Obst und Gemüse – Salat, Äpfel, Karotten, Zitronen etc. – zurück, um sie als Kunst an der Wand zu präsentieren. Viel weiter können Alltagserfahrung, Erwartungshaltung und ästhetische Wahrnehmung nicht auseinanderliegen. Du holst mit den Lebensmitteln aber auch Themen wie Leben und Tod, Vergänglichkeit und Verfall, Altern und Zeitlichkeit in den hermetischen Ausstellungsraum. Der Gegensatz zum traditionellen Verständnis von Architektur könnte nicht größer sein: Architektur als das Festgefügte, das Beständige, das Dauerhafte, das gegen die Zeit arbeitet. Aber auch die Vielfalt der verwendeten Naturformen steht im Gegensatz zum sehr eingeschränkten Formenrepertoire der Architektur. Was können Architekt*innen von Naturformen lernen?

Anh-Linh Ngo: Shifting reality is also key to understanding your *Kitchen Pieces*. They are an important work in your oeuvre and form a major part of this issue. For this series, you use fruit and vegetables—lettuces, apples, carrots, lemons, etc.—and present them on the wall as works of art. The divide between everyday experience, expectation, and aesthetic perception could hardly be any more pronounced. Moreover, you invite themes such as life and death, transience and decay, or aging and temporality into the hermetic exhibition space. This approach clashes fundamentally with the traditional understanding of architecture as something solid, durable, eternal; something which exists outside of time. Not to speak of the variety of natural forms, which stands in opposition to the rather constricted formal architectural repertoire. What can architects learn from nature's formal proposition?

Karin Sander:

Hühnerei, poliert, roh, Grösse 0, 1994, Hühnerei, frisch, 4,5 × 6 × 4,5 cm
Chicken Egg, polished, raw, size 0, Chicken egg, fresh, 4,5 × 6 × 4,5 cm

Anh-Linh Ngo: Was war deine erste räumliche Arbeit?

Anh-Linh Ngo: What was your first spatial artwork?

Karin Sander:

Wasser zählen, 1962/2000, Schwarz-Weiß-Fotografie, 30×22 cm, Karin Sander 1962, Foto: Edith Sander
Counting water, 1962/2000, black-and-white photograph, 30×22 cm, Karin Sander 1962, photo: Edith Sander

Anh-Linh Ngo: Zu den frühen Arbeiten, in denen du dich mit Architekturelementen auseinandersetzt, gehören die *Wandstücke*, bei denen du die Wand des Ausstellungsraums mit Schmirgelpapier polierst, bis eine reflektierende Oberfläche entsteht. Du sprichst davon, dass du den Raum perforierst, weil sich scheinbar eine Öffnung auftut. Diese Illusion der Öffnung war für die traditionelle Tafelmalerei ein wichtiger Effekt. Sind die *Wandstücke* Bilder?

Anh-Linh Ngo: Among your early works, in which you engage with architectural elements, are the *Wall Pieces*, a series in which you polish a section of the exhibition space's wall until it becomes a perfectly reflective surface. You have talked about how these surfaces "perforate" the space, because they seemingly create new openings. The illusion of an opening was an important effect used in traditional panel painting. Can one consider the *Wall Pieces* paintings?

Karin Sander:

Wandstück 210×280, 2004, Wandfarbe, poliert, 210×280 cm, Ausstellung *Singular Forms (Sometimes Repeated) – Art from 1951 to the Present*, Solomon R. Guggenheim Museum, New York, 2004
Wall Piece 210×280, 2004, wall paint, polished, 210×280 cm, exhibition *Singular Forms (Sometimes Repeated): Art from 1951 to the Present*, Solomon R. Guggenheim Museum, New York, 2004

Anh-Linh Ngo: Die Auseinandersetzung mit dem räumlichen Kontext hat immer auch mit den Institutionen zu tun, in denen du agierst. Die Architektur dient als ein Mittel, um das System der Kunst zu hinterfragen. Denken wir zum Beispiel an die Arbeit *Kernbohrungen* im Neuen Berliner Kunstverein (n.b.k.) aus dem Jahr 2011, bei der du Löcher in die Decke gebohrt hast, die den Ausstellungsraum mit den darüber gelegenen Verwaltungsräumen der Kunstinstitution verbinden. Durch die Löcher neben ihren Arbeitsplätzen haben die Mitarbeitenden des n.b.k. ihren Papiermüll geworfen, so dass sich darunter im Laufe der Ausstellung Haufen gebildet haben. Wir haben in dem Gespräch mit Beatriz Colomina und Mark Wigley (S. 82–91) darüber reflektiert, dass diese einfachen Löcher eine komplexe Vorstellung von Transparenz erschaffen haben, indem Fragen nach der institutionellen Hierarchie, kuratorischen Entscheidungen, der Zugänglichkeit von Kunst aufgeworfen wurden. Etwas transparent zu machen, heißt auch, es öffentlich zu machen. Wurde die Arbeit der Kunst hier öffentlich?

Anh-Linh Ngo: The examination of spatial contexts is always entwined with the institutions in which you work. Architecture is a medium through which you question the workings of the art world. Take, for example, the *Kernbohrungen* (*Core Drillings*) at Neuer Berliner Kunstverein (n.b.k.), where, in 2011, you drilled holes into the ceiling of the exhibition space, thereby connecting it with the institution's administrative offices above. Employees of n.b.k. threw their waste paper through these holes, situated right next to their desks, creating heaps of office waste in the gallery below. We spoke with Beatriz Colomina and Mark Wigley (pages 82–91) about how these simple holes in the ceiling created a complex understanding of transparency by posing questions about institutional hierarchies, curatorial decisions, and the accessibility of art. Making something transparent also makes it public. Did this work of art make the work of art public?

Karin Sander:

Kernbohrungen, 2011, Ausstellungsansicht (Detail), Papierabfälle von 5 Büroräumen des Neuen Berliner Kunstvereins (n.b.k.), 5 Löcher an den Stellen der Papierkörbe in den Böden der Büros / in der Decke des Ausstellungsraums, ø 30 cm

Core Drillings, 2011, installation view (detail), waste paper from 5 offices of Neuer Berliner Kunstverein (n.b.k.), 5 holes in the floor of the offices, replacing waste paper baskets / in the ceiling of the exhibition space, ø 30 cm

Anh-Linh Ngo: Du hast in deiner Arbeit immer wieder digitale Technologien und Medien eingesetzt. Ausgehend von den *3D-Body-Scans*, die du 1997 begonnen hast, hast du dich seit 2007 an deinem Lehrstuhl an der ETH Zürich intensiv mit 3D-Scan-Techniken und Druckverfahren auseinandergesetzt. Wir haben eure Forschung zum Thema der „Raumtransparenzen" in der ARCH+ Ausgabe *Incidental Space* vorgestellt, die wir mit Christian Kerez und Sandra Oehy zum Schweizer Beitrag auf der Architekturbiennale 2016 herausgebracht haben. In der Kunst wie in der Architektur haben technische Entwicklungen immer auch zu konzeptuellen Veränderungen geführt. Auf diesen Zusammenhang hat etwa Beatriz Colomina in ihrer Publikation *X-Ray Architecture* hingewiesen. Die Möglichkeit, den Körper zu durchleuchten, hat ihren Niederschlag auch in der Vorstellung von räumlicher Transparenz in der Moderne gefunden. Die 3D-Scan-Technologie verwandelt uns in Datenkörper, die beliebig repliziert werden können. Was ist deine künstlerische Antwort auf diese Entwicklung?

Anh-Linh Ngo: You have repeatedly used digital technologies and media throughout your career. Starting from the *3D-Body-Scans*, a series you began working on in 1997, you conducted extensive research on 3D scanning and printing techniques as part of your teaching at ETH Zurich. Your research on "spatial transparencies" was featured in the ARCH+ issue *Incidental Space*, published together with Christian Kerez and Sandra Oehy on the occasion of the Swiss contribution to the 2016 Venice Architecture Biennale. Art and architecture alike have always witnessed conceptual changes in response to technical innovation. This correlation has been pointed out by, among others, Beatriz Colomina in her publication *X-Ray Architecture*. The possibility of seeing through the human body has also found expression in the idea of spatial transparency in modernist architecture. 3D scanning technology transforms us into easily multiplied sets of data. What is your artistic response to this evolution?

Karin Sander:

Rosenquarz 2:1, 2000, 3D-Scan des originalen Steins, 2 Exemplare im Maßstab 2:1, FDM (Fused Deposition Modeling), ABS (Acrylnitril-Butadien-Styrol), Airbrush, je 10 × 16 × 12 cm

Rose Quartz 2:1, 2000, 3D scan of the original rock, 2 copies at 2:1 scale, FDM (fused deposition modeling), ABS (acrylonitrile-butadiene-styrene), airbrush, each 10 × 16 × 12 cm

Melissa Makele: Das zweite Hauptwerk, das wir in dieser Ausgabe ausführlich vorstellen, ist *Neighbours*, der Schweizer Beitrag für die Architekturbiennale 2023, den du gemeinsam mit Philip Ursprung realisiert hast. Da wir das Konzept des Pavillons bereits in anderen Beiträgen diskutieren, möchte ich mich hier auf einen Aspekt fokussieren, der bisher noch nicht zur Sprache gekommen ist und der im Zusammenhang mit der Technologiefrage steht: In der Planung und der räumlichen Auseinandersetzung dieser Arbeit habt ihr auch mit Google-Earth-Bildern gearbeitet. Welche Rolle spielen technische Bilder in deinem Werk?

Melissa Makele: The second important work that we focus on in this issue is *Neighbours*, the Swiss contribution to the 2023 Venice Architecture Biennale, a collaboration between you and Philip Ursprung. As the concept for the Pavilion is extensively discussed in other contributions, I will limit myself to a single aspect that has not been discussed yet and which correlates with the technological question. In planning and realizing the project, you also worked with images from Google Earth. What is the role of technical images in your oeuvre?

Karin Sander:

Dyrfjöll 1:25672, 2023 aus der Serie *Ideoscapes*: 2017–2023, i8 Gallery, Reykjavík, 2023, polychromer 3D-Druck, Gipsmaterial, 7,74 × 25,04 × 25,00 cm.
Farbige, dreidimensionale Momentaufnahmen von Google-Earth-Daten, die diese Landschaften mit fotogrammetrischen Verfahren und verschiedenen hybriden 3D-Programmen generieren.

Dyrfjöll 1:25672, 2023, from the series *Ideoscapes*: 2017–2023, i8 Gallery, Reykjavík, 2023, polychrome 3D inkjet print, plaster material, 7.74 × 25.04 × 25.00 cm.
Three-dimensional color photo shots of Google Earth data, which generate these landscapes using photogrammetric processes and various hybrid 3D programs.

Melissa Makele: Die Maschine kann etwas nur übersetzen, wenn wir sie mit genügend Daten füttern. Und dort, wo keine Daten vorhanden sind, kommt es zu Übersetzungsfehlern, zu Interpolationen und Interpretationen: Es entstehen virtuelle Fiktionen. Ich finde es in dem Zusammenhang interessant, was du einmal über die Rolle des Computers oder der Maschine gesagt hast. Nämlich, dass sie kein Medium der reinen Reproduktion oder Wiedergabe sind, sondern dass diese Übersetzungsleistung ein Stück weit auch auf die Maschine übertragen wird. Diese Autonomie der Maschine löst Ängste aus, weil viele von uns ihre Sprache nicht beherrschen. Kann die Kunst bei der Übersetzung helfen?

Melissa Makele: Machines can only learn properly if we feed them enough data. Where data is lacking, the machine struggles to translate and produces errors based on interpolations or incorrect interpretations: It creates virtual fictions. On that note, I think it is interesting what you once said about the role of the computer, or the machine, namely that it is not simply a medium of reproduction or representation, but that it is vested with a certain power to translate autonomously. This autonomy of the machine triggers fears because many of us are technically illiterate. Can art help with this translation problem?

Karin Sander:

XML-SVG Code, Quellcode des Ausstellungsraumes / Wand, LABoral Centro de Arte y Creación Industrial, Gijón, Spanien, 2014, Oracal 638, Plotterfolie matt, 3-farbig, 4700 × 620 cm. Ausstellungsansicht *Datascape*, LABoral Centro de Arte y Creación Industrial, Gijón, Spanien, 2014. Der Quellcode des Ausstellungsraumes ist in seinen Zeichensystemen auf die Wand des Ausstellungsraumes geschrieben.

XML-SVG Code / Source Code of the Exhibition Space / Wall,, LABoral Centro de Arte y Creación Industrial, Gijón, Spain 2014, Oracal 638, matte adhesive film, tricolor, 4.700 × 620 cm. Installation view, *Datascape*, LABoral Centro de Arte y Creación Industrial, Gijón, Spain, 2014. The source code of the exhibition space is written out in its sign systems on the wall of the exhibition space.

Anh-Linh Ngo: Du bearbeitest, auch bei den Daten, vorgefundenes Material, löst es aus seinem Kontext und führst es weiter. Dadurch schaffst du eine neue Erzählung. Das heißt, im Aufbereiten des Vorgefundenen steckt auch sehr viel Erfindung. Der Kunstkritiker Benjamin Paul hat mit Bezug auf dein Werk den dialektischen Begriff der „wahren Fiktionen" eingebracht. An welcher Arbeit kannst du diese Fiktionalität bzw. Narrativität verdeutlichen?

Anh-Linh Ngo: You process found material—be it physical or digital—by isolating it from its context of origin before developing it further. In doing so, you create a new narrative. In other words: There is also a great deal of invention involved in the processing of found material. Art critic Benjamin Paul once used the dialectical term "real fictions" in his description of your oeuvre. Which of your works best exemplifies this fictionality and narrative character?

Karin Sander:

Identities on Display, 2013, 26 Vitrinen mit Kleiderhaken, Kleiderbügel und Münzschloss, davon 20 Einzelvitrinen (je 200 × 80 × 60 cm), 4 Gruppenvitrinen (je 200 × 160 × 80 cm), 2 Kindergruppenvitrinen (je ca. 120 × 160 × 80 cm), Holz, Glas, Metall (in Zusammenarbeit mit Holzer Kobler Architekturen), Ausstellungsansicht *Karin Sander*, Kunst Museum Winterthur, Winterthur, 2018

Identities on Display, 2013, 26 lockers with hooks, coat hangers, and coin-operated lock, 20 single lockers (200 × 80 × 60 cm each), 4 group lockers (200 × 160 × 80 cm each), 2 children's group lockers (ca. 120 × 60 × 80 cm each), wood, glass, metal (in collaboration with Holzer Kobler Architekturen), installation view, *Karin Sander*, Kunst Museum Winterthur, Winterthur, Switzerland, 2018

Melissa Makele: Um die Imagination der Menschen zu aktivieren, brichst du bewusst mit ihren Erwartungshaltungen. Und da muss ich jetzt an einen schönen Ausstellungstitel von dir denken: *What You See is Not What You Get (22 Exhibitions)*. Im Gegensatz zu der üblichen Strategie, Dinge sichtbar zu machen oder offenzulegen, weckst du die Vorstellungskraft, indem du Dinge unverfügbar hälst.

Melissa Makele: To activate people's imagination, you consciously meddle with their expectations. This calls to mind the title of one of your exhibitions: *What You See is Not What You Get (22 Exhibitions)*. Here, in contrast to the usual strategy of making things visible or exposing them, you awaken their imagination by keeping things inaccessible.

Karin Sander:

What you see is not what you get (22 Exhibitions), 2022
Esther Schipper, Berlin, 2022, 22 Ausstellungen verschlossen in 22 unterschiedlich großen Transportkisten

What you see is not what you get (22 Exhibitions), 2022
Esther Schipper, Berlin, 2022, 22 exhibitions enclosed in 22 different crates

Melissa Makele: Die Leerstelle, die Auslassung, die *What You See is Not What You Get (22 Exhibitions)* evoziert, erinnert an Michael Hagners Beitrag in dieser Ausgabe (S. 112–117), der sich kritisch mit der oftmals unhinterfragten Neutralitätsfiktion in Politik, Wissenschaft und Kunst auseinandersetzt. Er stellt – Roland Barthes folgend – den Begriff der Neutralität dem des Neutrums gegenüber, wobei sich letzteres einem „Denken des Nichtunterschiedenen" öffne, indem es binäre Ordnungen zu unterlaufen und auszuhebeln versuche, also nicht wirklich neutral sei. Ich finde, dass man diese Position sehr gut mit den nicht abgeschlossenen Gesten, die deine Kunst oft hat, in Einklang bringen kann. Sie besitzt diese Ambiguität.

Anh-Linh Ngo: Das ist eine sehr gute Beobachtung, die ich unterstreichen möchte. Ich würde sagen, dass diese Position sehr viel mit dem Problem zu tun hat, das wir in den letzten Jahren in Bezug auf den feministischen Diskurs bearbeitet haben. Wenn wir nämlich anerkennen, dass die Fiktion einer neutralen Sprecherposition nicht aufrechtzuerhalten ist, dass wir immer situiert sind, wirft es die grundlegende Frage auf, wie wir als Gesellschaften nicht in die Falle identitätspolitischer Zersplitterung tappen, aus der es kein gemeinsames Entkommen mehr gibt. Wie können wir bei aller Individualität und Situiertheit Gemeinschaftlichkeit und Offenheit als gesellschaftliche Utopie realisieren? In deiner künstlerischen Praxis sehe ich eine Vielzahl solcher Verfahrensweisen, bei denen du das Nichtabgeschlossene oder die Aneignungsoffenheit als Strategien einsetzt, damit die Menschen nicht fertige Bilder konsumieren, sondern, um den philosophischen Begriff zu benutzen, als ästhetische Subjekte Bilder erschaffen, die einen gemeinsamen Imaginationsraum entstehen lassen. Ein solches offenes Kunstwerk ist zum Beispiel die Ausstellung *Zeigen*, die ich 2009 in der Temporären Kunsthalle in Berlin erlebt habe. Wie zeigt man etwas, das nicht da ist, das buchstäblich utopisch ist?

Melissa Makele: One can draw parallels between the absence, or rather the void, evoked by *What You See is Not What You Get (22 Exhibitions)* and Michael Hagner's contribution to this issue (pages 112–117), in which the author critically reflects on the often-unchallenged fiction of neutrality in politics, science, and art. Drawing on Roland Barthes, he contrasts the concept of neutrality with that of the neutral, whereby the latter opens up to the possibility of a "thought of the indistinct" by infiltrating and undermining binaries—and being distinctly non-neutral. I think this resonates deeply with the unfinished gestures often found in your works. They possess this kind of ambiguity.

Anh-Linh Ngo: That is a very good observation, which I would like to underline. I would say that this position has a lot to do with the problem we have been addressing in recent years as relates to feminist discourse. Although we must recognize that the fictional position of an unbiased speaker cannot be sustained—in other words: If we realize that we are always situated—we are confronted by the fundamental question of how societies can avoid falling into the trap of fragmentation caused by identity politics, from which there is no collective way out. How can we achieve collectivity and openness as a social utopia while maintaining our individuality and situatedness? In your artistic practice, I see a multitude of approaches in which you use open-endedness or appropriability as strategies to make sure that people as aesthetic subjects—to use the philosophical term—do not consume ready-made images but actively create images that give rise to a shared imaginative space. One such open work of art is, for example, the exhibition *Zeigen* (*Showing*), which in 2009 I was able to experience at Temporäre Kunsthalle in Berlin. How do you show something that is not there, something that is literally utopian?

Karin Sander:

Wände, umgelegt, 2012, zwei bestehende Rigipswände, demontiert, umgelegt, 400 × 782 × 10 cm / 372 × 665 × 16,5 cm, Ausstellungsansicht *Karin Sander h = 400 cm*, Esther Schipper, Berlin, 2012

Walls, Tipped Over, 2012, two existing drywall-coated walls, dismantled and tipped over, 400 × 782 × 10 cm / 372 × 665 × 16.5 cm, installation view, *Karin Sander h = 400 cm*, Esther Schipper, Berlin, 2012

Anh-Linh Ngo: Wir haben heute zwei alte Freund*innen von ARCH+, Beatriz Colomina und Mark Wigley, eingeladen, um mit ihnen über die neue Ausgabe zu sprechen, die die Künstlerin Karin Sander für uns konzipiert hat: ARCH+KUNST. Wie sich aus dem Titel bereits ergibt, geht es darum, das komplexe Verhältnis zwischen den beiden verwandten Disziplinen der Architektur und Kunst zu beleuchten. Ich kann mir eigentlich keine bessere Partnerin als Karin für diese Aufgabe vorstellen, da viele ihrer Arbeiten in einer ontologischen Beziehung zu dem Raum stehen, in dem sie ausgestellt werden, und zwar in einem Maße, dass die jeweiligen Wände und Decken selbst zum Gegenstand der Arbeit werden. Dies ist beispielsweise bei ihren berühmten *Wandstücken* (1986) der Fall, für die Karin rechteckige Wandabschnitte poliert hat, bis sie glänzten. Oder auch *Untitled* (1993), eine Arbeit, die für die Art Cologne realisiert wurde, bei der sie ein rechteckiges Stück der Raufasertapete, mit der die Wände der Galerie tapeziert waren, herausgeschnitten und gerahmt hat, um sie anschließend an derselben Stelle wieder aufzuhängen.

Ein wesentlicher Aspekt von Karins Arbeit ist die Beobachtung von Systemen und Formen der Interaktion. So haben sich Karin Sander und Philip Ursprung 2023 für ihren Beitrag zur 18. Architekturbiennale in Venedig mit der komplexen Beziehung zwischen zwei benachbarten Gebäuden beschäftigt: dem von Bruno Giacometti 1951/1952 entworfenen Schweizer Pavillon und dem Venezolanischen Pavillon nach dem Entwurf von Carlo Scarpa 1954/1956. Ich finde, sie sind so etwas wie falsche Freunde: Nach außen halten sie eine Fassade trauter Zweisamkeit aufrecht, während sich in Wahrheit zwischen den beiden Ländern, die sie vertreten, in geografischer, politischer und ökonomischer Hinsicht Welten auftun. Eines der zentralen Elemente ihrer Intervention war die Entfernung eines Teils der Umfassungsmauer des Schweizer Pavillons, so dass sich die Besucher*innen zwischen den beiden Länderpavillons ungehindert bewegen konnten. Ich möchte mit unserem Gespräch gerne an diesem Punkt anknüpfen und fragen: Was verrät uns diese Intervention einer Künstlerin, die an der Architekturbiennale teilnimmt?

Beatriz Colomina: Architekt*innen haben erst spät die Bühne der Biennalen betreten. Die Biennalen waren gewöhnlich das Terrain von Künstler*innen. Sehr viele anerkannte Architekt*innen sind außerordentlich erfolgreich, ohne jemals von einer Galerie vertreten worden zu sein. Das Auftauchen von Architektur im Raum der Galerie als Gegenstand der Ausstellung und nicht als ihr bloßer räumlicher Kontext, ist ein relativ junges Phänomen; ein postmodernes Phänomen. Es war kein Zufall, dass die erste, von Paolo Portoghesi kuratierte Architekturbiennale in Venedig „Die Gegenwart der Vergangenheit", 1980 auf dem Höhepunkt der Postmoderne stattfand, beinahe ein Jahrhundert nachdem die erste Biennale von Venedig ins Leben gerufen worden war. Seitdem ist eine immer größere Freizügigkeit unter Architekt*innen zu beobachten, das breite Spektrum zwischen Kunst und Kuratieren auszuloten. Doch obwohl das gepflegte Erscheinungsbild der Kulturjetsetter auch hier vorherrscht, ist die Architekturbiennale von Venedig im wahrsten Sinne des Wortes arm dran, da sie nicht annähernd so viel Kapital bewegt wie ihr Pendant für die Kunst. Der Unterschied ist krass. Die Budgets, die Architekt*innen für ihre Installationen zur Verfügung stehen, sind im Vergleich zu denen der Künstler*innen mager. Eine Teilnahme von Künstler*innen an der Biennale steht zweifelsfrei für Erfolg. Kunsthändler*innen und Galerien haben ein großes wirtschaftliches Interesse daran, ihre Künstler*innen finanziell zu unterstützen. Architekt*innen sind hingegen meistens auf sich allein gestellt. Nicht selten bedeutet die Teilnahme in Venedig für sie den finanziellen Bankrott.

Karin Sander und Anh-Linh Ngo im Gespräch mit Beatriz Colomina und Mark Wigley über das Verhältnis von Kunst und Architektur

Einige Antworten auf eine Frage, die niemals beantwortet werden sollte

Anh-Linh Ngo: Today we invited two old friends of ARCH+, Beatriz Colomina and Mark Wigley, to talk about the new issue that the artist Karin Sander has developed for us: ARCH+KUNST. As you can guess from the title, the idea is to unravel the intricate relationship between the two neighboring disciples of architecture and art. Personally, I cannot think of a better partner for this task than Karin, because many of her works exist in an ontological relationship with the space in which they are exhibited, to the extent that its walls and ceilings themselves become subjects of the work. This is the case in her famous *Wall Pieces* (1986), in which Karin polished rectangular portions of wall paint until they became highly reflective, or *Untitled* (1993), realized for Art Cologne, in which she cut out a rectangular piece of the woodchip wallpaper covering the gallery's walls and framed it before hanging it back in the same spot.

Observing systems and forms of interaction is a central component in Karin's work. For example, in their contribution to 18th Venice Architecture Biennale in 2023 Karin Sander and Philip Ursprung engage with the complex relationship between two architectural neighbors: the Swiss Pavilion built by Bruno Giacometti in 1951–52 and the Venezuelan Pavilion built in 1954–56 after a design by Carlo Scarpa. Personally, I like to think of them as fake friends: They pretend to be cozy with each other in public, but behind the scenes the two countries they represent are worlds apart; geographically, politically, and economically. One of the main elements of the intervention was the removal of part of the Swiss Pavilion's enclosing wall, allowing visitors to move freely between the two national pavilions. I would like to start our conversation from there and ask: What does this intervention by an artist taking part in the Architecture Biennale tell us?

Beatriz Colomina: Architects are latecomers in the space of biennials. Traditionally biennials are artists' territory. A lot of acclaimed architects have built very successful careers without ever having to deal with a gallery. The stepping of architecture into the space of the gallery, as the subject of the exhibition rather than its mere spatial context, is a relatively recent phenomenon, a postmodern phenomenon. It was not by chance that the first Venice Architecture Biennale, "The Presence of the Past" curated by Paolo Portoghesi, only took place in 1980, at the height of postmodernism, almost a century after the invention of the Venice Biennale. Since then, we have witnessed an ever-growing promiscuity among architects who practice anywhere on the spectrum between art and curation. But despite the well-groomed appearance of cultural jet-setters, the Venice Architecture Biennale is, in the literal sense, relatively poor and does not move the same capital as its art counterpart. The difference is stark. The budgets architects receive for their installations are skimpy compared to those of artists. An artist's participation is unequivocally seen as their path to success. Dealers and galleries have a huge economic interest in backing their artists financially. Architects are usually on their own. They often go bankrupt in Venice.

Mark Wigley: The reason why architecture is a latecomer in Venice is partly that the Biennale is itself an architecture. I mean this in a literal sense: The Venice Biennale is made up of a series of buildings and gardens built on a particular site for the purpose of hosting art. Once upon a time architecture hosted art. Now it also hosts itself. Architecture is being hosted by architecture. What happens when architecture is not the host anymore but the thing that is being hosted? Even more interesting, what happens to an architecture that must host itself? Based on the vertiginous logic of architecture hosting art hosting architecture, we could

Karin Sander and Anh-Linh Ngo

in conversation with Beatriz Colomina and Mark Wigley on the relationship between art and architecture

Som e Answe rs to a Quest ion That Sh ould Never B e Answered

Mark Wigley: Der späte Auftritt der Architektur in Venedig liegt teilweise darin begründet, dass die Biennale selbst Architektur ist. Ich meine dies in einem wörtlichen Sinne: Die Biennale von Venedig besteht aus einer Reihe von Gebäuden und Gärten, die speziell für das Ausstellen von Kunst errichtet wurden. Die Architektur hat einst die Kunst beherbergt. Nun beherbergt sie auch sich selbst. Architektur bietet Architektur einen Raum. Was geschieht, wenn Architektur nicht länger die Hülle ist, sondern das ausgestellte Sujet? Noch interessanter ist die Frage, was mit einer Architektur geschieht, die sich selbst beherbergen muss. Ausgehend von der schwindelerregenden Denkfigur einer Architektur, die die Kunst beherbergt, die die Architektur beherbergt, könnte man Karins Intervention als Teil eines endlosen Spiels zwischen den beiden Disziplinen betrachten, wobei sie lediglich eine von vielen Schichten der Interaktion abgetragen hat, die sich jeweils innerhalb irgendeiner Architektur abspielen.

Anh-Linh Ngo: Architektur, die Kunst beherbergt, die Architektur beherbergt ist ein guter Ausgangspunkt, um sich Karins vieldeutiger Position zu nähern. Mir kommt dabei unwillkürlich der berühmte Begriff der *Anarchitektur* in den Sinn, den Gordon Matta-Clark einst für seine Arbeit geprägt hat. Mark, du bist ein Experte für Gordon Matta-Clark, der sich auch nicht eindeutig der Kunst oder der Architektur zuordnen lässt. Wenn Karin eine Backsteinmauer des Schweizer Pavillons teilweise entfernt, agiert sie dann als Künstlerin oder als Architektin? Wo kann man ihre Praxis verorten?

Mark Wigley: Das ist eine schwierige Frage. Hoffentlich nähern wir uns einer Antwort, wenn wir unser Gespräch noch eine Weile fortgesetzt und mal der einen oder anderen Zuordnung den Vorzug gegeben haben. Vielleicht beginnen wir mit einer sehr grundlegenden Feststellung: Mauern sind mitunter eine knifflige Angelegenheit. Jede Mauer hat gleichermaßen das Potenzial zu trennen und zu verbinden. Mauern markieren den Unterschied zwischen Innen und Außen. Allerdings ist die andere Seite der Mauer, von mir aus betrachtet, immer noch das Außen meines Innen und damit ein Teil meines Innen. Die Mauer des Schweizer Pavillons zu entfernen, ist ein komplexer Vorgang, denn gerade durch die Beseitigung der Mauer hat Karin diese erst sichtbar gemacht. Durch das Entfernen der Mauer wird eine Verbindung zwischen zwei Pavillons hergestellt und zugleich die Existenz dieser Trennmauer überhaupt ins Bewusstsein gerufen sowie dieses Wissen bekräftigt.

Karin Sander: Der Gedanke, dass wir durch die Beseitigung der Mauer das Wissen um ihre Existenz bekräftigt haben, ist sehr interessant. Tatsächlich wurde durch das Entfernen der Mauer plötzlich eine andere Mauer sichtbar, die die Venezolaner in den frühen 1980er-Jahren direkt hinter einem lange zuvor von den Schweizern installierten Metallgitter errichtet haben. Die Venezolaner wollten offenkundig ihre eigene Mauer haben, womit sie auf ihre Art wohl sagen wollten: „Wenn das Außen eures Gitters noch Teil *eures* Innen ist, dann ist dies unsere Mauer, die das Ende *unseres* Innen markiert."

Mark Wigley: Wie spannend. Das hat was von einer Tatortbegehung. Ich frage mich nun, wenn man Mauern erst durch ihre Beseitigung sichtbar machen kann, heißt das im Umkehrschluss, dass Mauern normalerweise unsichtbar sind?

Karin Sander: Ja, in vielerlei Hinsicht sind sie es, weil man sie oft nicht sieht, oder um genauer zu sein, weil man sie nicht gezielt anschaut. Vielmehr blickt man auf das, was von Mauern bzw. Wänden umgeben ist oder auf die an ihnen aufgehängten Kunstwerke, aber nur selten auf die Mauern und Wände selbst.

Anh-Linh Ngo: Das gilt nicht nur für die Mauern bzw. Wände, sondern auch für Böden und Decken. Für eine andere Installation, die 2011 im Neuen Berliner Kunstverein (n.b.k.) realisiert wurde, hat Karin Löcher in die Decke des Ausstellungsraumes gebohrt und damit eine direkte Verbindung zu den Büroräumen der Galerie im Obergeschoss hergestellt. Die Löcher befanden sich genau an der Stelle, wo normalerweise die Papierkörbe gestanden hätten, nämlich neben den Tischen der Mitarbeiter*innen der Galerie. Durch diese Maßnahme konnten die Mitarbeiter*innen den Papiermüll in den Löchern entsorgen, der damit direkt im Galerieraum landete und sich dort zu kleinen Müllbergen anhäufte. Durch die Beseitigung eines Teils der Decke hat Karin nicht nur buchstäblich einen Schnitt durch das Gebäude gelegt, sondern auch durch die Institution und damit den Besucher*innen ein Blick hinter die Kulissen eröffnet.

Karin Sander: Gleichzeitig fängt man natürlich an, darüber nachzudenken, was man wegwirft, wenn der Papiermüll auf diese Weise ausgestellt wird. Einige der entsorgten Dokumente waren auf die ein oder andere Weise bearbeitet worden, um sicherzustellen, dass niemand ihren vertraulichen Inhalt lesen konnte. Andere befanden sich noch – oder wieder – in einem Umschlag oder waren sorgfältig geschreddert worden. Und solche, von denen die Mitarbeiter*innen wollten, dass sie öffentlich zu sehen wären, wurden vollständig aufgefaltet, bevor man sie in den Galerieraum fallen ließ. Diese kleinen Entscheidungen darüber, was durch die Löcher entsorgt wird und was nicht und in welchem Zustand es hindurchgeworfen wird, verraten, wie jemand mit dem Wissen um Sichtbarkeit und Transparenz umgeht. Diese Strategien der Sichtbarmachung sind wahrscheinlich auch wesentlich für eure Arbeit als Architekturhistoriker*innen oder?

Beatriz Colomina: Ja, absolut. An der Idee, Löcher durch die Decke des Galerieraumes zu bohren, finde ich besonders den Aspekt spannend, dass Decken ohnehin immer durch alle möglichen Leitungen miteinander verbunden sind. In den Decken wird eine Vielzahl von Dingen transportiert, allerdings ist die Architektur gewöhnlich darum bemüht, diese Verbindungen zu verbergen. Architekt*innen verstecken alles hinter glatten, weiß verputzten Wänden, um die Illusion zu erzeugen, dass jeder Raum eine für sich abgeschlossene Einheit ist. Wenn uns ständig bewusst wäre, dass wir physisch mit den Körperflüssigkeiten anderer verbunden sind, wäre das ja ziemlich furchtbar! So betreten wir aber unsere Wohnung und tun so, als würden wir in völliger Isolation leben. Deine Intervention im n.b.k. führt den Besucher*innen vor Augen, dass es auch in dem aseptischen Raum der Galerie Infrastrukturen gibt, die uns verbinden, ob sie nun materiell sind oder nicht. Die Institution wird sichtbar, und zwar nicht nur durch die Briefe und Dokumente, die durch die Löcher fallen gelassen werden, sondern vor allem durch die Erkenntnis, dass nicht alle Dokumente auf diese Weise entsorgt werden. Was du also mit deiner Arbeit sichtbar gemacht hast, ist nicht so sehr der Inhalt der Dokumente, sondern die Tatsache, dass hinter den Kulissen sorgfältig abgewogen wird, was die Öffentlichkeit zu sehen bekommt und was nicht. Insofern hast du mit dieser Maßnahme verdeutlicht, dass sich hinter den vermeintlich neutralen, weißen Wänden der Galerie Vorgänge abspielen, die den Betrachter*innen bewusst vorenthalten werden. In diesem Sinne gibt es, wie ich finde, viele Überschneidungen mit unserer Arbeit.

Karin Sander: Da wir gerade über Papierkörbe sprechen, muss ich an eine witzige Passage aus deinem Buch *X-Ray Architecture* denken. Edith Farnsworth beklagt sich hier darüber, dass sie ihren Mülleimer verstecken muss, damit die Leute ihn nicht durch die Glasfassade von Farnsworth House sehen können: „Der Mülleimer würde den Anblick des ganzen Hauses verschandeln", so sagt sie, „daher verstecke ich ihn, etwas entfernt von der Spüle, in einem Schrank. Mies spricht von ‚freiem Raum': aber sein

think of Karin's intervention as part of an endless play between the two, whereby what she did was just to peel off one of many layers of interaction, each one happening inside some kind of architecture.

Anh-Linh Ngo: Architecture hosting art hosting architecture is a good framework from which to look at Karin's ambiguous positioning. I cannot help but think of the famous term Gordon Matta-Clark coined to describe his work: *anarchitecture*. Mark, you are an expert on Gordon Matta-Clark, whose positioning is also quite ambiguous. When Karin partly removes one of the Swiss Pavilion's brick walls, is she operating as an artist or as an architect? Where do we situate her practice?

Mark Wigley: That is a very difficult question. Hopefully, if we continue this conversation for another hour or so, back and forth between artist and architects, then we might be able to come to something close to an answer. Let us start with a very basic observation: Walls can be tricky. Any wall has a potential to both divide and connect. Walls mark the difference between inside and outside. However, the other side of the wall from me is still the outside of my inside, and therefore it is still a part of my inside. The removal of the Swiss wall is a very tricky operation, because it is precisely by removing the wall that Karin made it visible. The removing of the wall connects two pavilions while at the same time calling attention to and reinforcing the knowledge that the wall exists in the first place.

Karin Sander: The idea that by removing the wall we reinforce the knowledge of its existence is a very interesting one. As a matter of fact, the removal of the Swiss wall suddenly makes visible the section of another wall, perpendicular to the Swiss one, added by the Venezuelans in the early 1980s right behind a metal fence installed by the Swiss long before. The Venezuelans felt the need to have their own wall, which I suppose was their way of saying, "If the outside of your fence is still a part of *your* inside, here is our wall to mark the end of *my* inside."

Mark Wigley: That's fascinating. It's like looking at a crime scene. Now I'm wondering, if you can make walls visible by removing them, isn't that because walls are normally invisible?

Karin Sander: Yes, in many ways they are, because you often don't see them, or, to be more precise, you don't look at them. You look at what's inside the walls or at the artworks hung from them, but rarely at the walls themselves.

Anh-Linh Ngo: This not only holds true for the walls but also for floors and ceilings. In another installation realized at Neuer Berliner Kunstverein (n.b.k.) in 2011, Karin drilled holes into the ceiling of the exhibition space, connecting it directly with the gallery's administrative offices upstairs. The holes were precisely where the office's wastepaper baskets would normally have stood, next to the gallery staff's desks. This way, employees could throw any paper waste through the holes and it would land right in the gallery space, creating piles of waste. By removing a piece of the ceiling, Karin cut a section not just through the building, but through the institution, offering visitors a look behind the scenes.

Karin Sander: At the same time, you have to consider that once you know that your paper waste goes on display, you start to be careful about what you throw away. Some of the discarded documents had been altered in one way or another to make sure that nobody could read their rather sensitive content. Others were still—or back—inside an envelope, or thoroughly shredded to pieces. Others again, ones that the staff clearly wanted the public to see, had been thoroughly unfolded before falling down into the gallery. These small choices about what gets thrown through the holes and what doesn't, and about how it gets thrown, show how people deal with the knowledge of being visible, of being transparent. I believe these are also keys to understanding your work as architectural historians, aren't they?

Beatriz Colomina: Yes, definitely. One aspect that I personally find fascinating about the idea of drilling holes through the gallery's ceiling is that floors are in fact always connected with one another through all kinds of pipes. Many things pass through the floors already; however, architecture typically consists of disguising the connections. Architects cover everything up behind sleek, white-plastered walls to create the illusion that each space is an independent unit. Imagine if we were constantly aware that we are physically connected with everyone else's bodily fluids, it would be horrifying! We step inside our dwelling and pretend to live in total isolation. Your intervention at n.b.k. is also a way of reminding visitors that even inside the antiseptic space of the gallery there are still infrastructures that connect us, whether they are material or not. The institution becomes visible, not only through the letters and documents that have fallen down the holes, but mainly through the realization that not all documents will be thrown out this way. So, basically, what you have made visible with your work isn't the content of the documents as much as the fact that behind the scenes a very careful process of selection takes place to establish what the public may or may not see. Your work has made visible that behind the allegedly neutral white walls of the gallery transactions are taking place that the viewer is deliberately kept unaware of. In this sense, I would say that there are indeed many intersections with our work.

Karin Sander: Talking about wastepaper baskets, I am reminded of this funny passage from your book *X-Ray Architecture* in which Edith Farnsworth complains about how she has to hide her garbage can so people don't see it through the glass curtain wall of the Farnsworth House: "The can would spoil the appearance of the whole house," she says, "so, I hide it in the closet further

Raum ist sehr festgelegt [...] jedes Aufstellen von Möbeln wird zu einem Riesenproblem, da man durch das Haus, wie bei einem Röntgenbild, hindurchschauen kann."[1] Ist es nicht erstaunlich, wie eine kleine unschuldige Bemerkung ausreicht, um das gesamte modernistische Dogma der Transparenz zu demontieren?

Mark Wigley: Allerdings. Aber lass uns an diesem Punkt des Gesprächs noch einmal innehalten. Ausgehend von dem, was wir bisher gesagt haben, könnte man behaupten, dass Architekt*innen Dinge verstecken, während Künstler*innen sie offenlegen: Architekt*innen vermitteln ein Bild von Transparenz, verstecken dann aber die Eingeweide des Gebäudes hinter weiß verputzten Wänden, während Karin eben diese Oberfläche aufbricht, um die verborgenen Prozesse sichtbar zu machen, die sich hinter den Kulissen des Galerieraumes abspielen.

Beatriz Colomina: Das ist eine mögliche Betrachtungsweise, aber natürlich sind Unterscheidungen nie so eindeutig. Mitunter agieren Architekt*innen genauso wie Künstler*innen. Beispielsweise waren die ersten architektonischen Experimente mit Transparenz laut des architekturhistorischen Kanons der Moderne gerade für Ausstellungssituationen und nicht als reale Bauaufgabe konzipiert, wie Bruno Tauts Pavillon für die Ausstellung des *Deutschen Werkbundes* 1914 in Köln, oder Ludwig Mies van der Rohes visionärer Entwurf für ein gläsernes Hochhaus an der Friedrichstraße in Berlin. Wären diese Projekte im Auftrag eines Bauherrn oder einer Bauherrin und mit strengeren Budgetvorgaben entwickelt wurden, wären sie sicherlich ganz anders oder zumindest nicht annähernd so innovativ ausgefallen. Ihre Radikalität ist untrennbar mit der Tatsache verbunden, dass sie in Räumen an der Schnittstelle zwischen Kunst und Architektur entstanden sind, wo die Architekt*innen von den Restriktionen der Funktion befreit waren. Vor diesem Hintergrund könnte man sagen, dass diese Projekte eher der Kunst als der Architektur zuzuordnen sind. Man denke nur an den Barcelona-Pavillon, der keine Funktion außerhalb seiner selbst hatte. Als Mies gefragt wurde, was im Inneren des Pavillons ausgestellt werden würde, soll er geantwortet haben: „Nichts wird darin ausgestellt, der Pavillon selbst ist das Exponat."[2]

Mark Wigley: Gab es im Barcelona-Pavillon Rohrleitungen?

Beatriz Colomina: Nein, es gab keine Rohrleitungen! Und das ist genau der Punkt. Wie Matta-Clark sagen würde, „der Unterschied zwischen Architektur und Skulptur besteht darin, ob es Rohre gibt oder nicht."[3] Gemäß dieser Logik ließe sich behaupten, dass der Barcelona-Pavillon faktisch keine Architektur ist, sondern eine Skulptur.

Anh-Linh Ngo: Bedeutet dies, dass die Befreiung der Architektur von der Funktion sie automatisch zu Kunst macht? Und hat Kunst per definitionem keine Funktion?

Mark Wigley: Ich möchte versuchen diese Fragen mit einer Überspitzung zu beantworten: Architektur ist nichts als Verdrängung. Es ist nicht nur der Umstand, dass Architekt*innen Dinge verstecken; Architektur ist letztlich nichts anderes als das Ergebnis eines Verbergens, ein pathologisches Symptom der Verdrängung. Genau das ist ihre eigentliche Aufgabe. Bekanntermaßen stehen Architekt*innen mit der Funktion auf Kriegsfuß, ihre Stärke liegt vielmehr auf der formalen Ebene, wenn sie mit Formen Dinge verbergen, einschließlich der Beschaffenheit der Form selbst. Wenn man sich ein trockenes und warmes Haus wünscht, sollte man auf keinen Fall eine Architektin oder einen Architekten beauftragen. Architektur gibt der Verdrängung ein Gesicht, das, was man sieht, wenn man die Dinge nicht sieht – daher die unheimliche weiße Oberfläche, die alles verbirgt. Wenn die Kunst enthüllt und die Architektur verschleiert, kann das Wechselspiel zwischen ihnen niemals eindeutig sein. Kunst, die traditionell als Kunst gilt, weil sie nicht zweckgebunden ist, könnte eine stärkere Zweckorientierung haben, als wir gemeinhin glauben, während die Architektur vielleicht nichts mit der Zweckgebundenheit zu tun hat, die wir ihr immer andichten. Ich sehe in der Kunst nicht nur einen Zweck, sie funktioniert häufig auch auf eine Art und Weise, die der ähnelt, wie wir sie von der Architektur erwarten würden: Sie bietet Komfort, Erinnerung, Ordnung und Raum für Interaktion und Wünsche. Um also auf die ursprüngliche Frage zurückzukommen, wo Karins Arbeit anzusiedeln ist, frage ich mich, ob wir vielleicht einfach nur der Antwort auf eine Frage hinterherjagen, die niemals beantwortet werden sollte, denn genau darin liegt die Stärke ihrer Arbeit: dass sie sich nicht bequem auf eine der beiden Seiten von Kunst und Architektur verorten lässt, sondern vielmehr in deren Komplikationen verweilt. Warum sollten wir an einer Künstlerin interessiert sein, deren Werk eindeutig der Sphäre der Kunst angehört? Vermutlich sind Beatriz und ich deshalb so von Karins Arbeit fasziniert, weil sie viel mehr Architektin ist als wir selbst.

Beatriz Colomina: Na, dann ist die Sache ja einfach, denn wir sind ja nicht wirklich Architekt*innen!

Karin Sander: Und wie sieht es mit der Funktion von Architektur im Verhältnis zur Kunst aus? Wir hatten einmal den Studierenden an der ETH Zürich eine hypothetische Aufgabe gestellt, in der sie gebeten wurden, eine virtuelle Architektur zu entwerfen und eine Kunstausstellung darin vorzuschlagen. Das ist keine leichte Aufgabe, denn ein virtueller Raum unterliegt keinen Beschränkungen. Man könnte nacheinander 30.000 Zeichnungen in einem unendlich langen Gang zeigen! Selbst wenn man es mit einer interessanteren Idee versuchen würde, wird es nicht funktionieren, da die Kunst Zwänge und Widerstand braucht, sie braucht die Reibung mit den Bindungen der Architektur. Die Architektur dient nicht nur als Rahmen der Kunst und das Kunstwerk ist nicht nur ein Objekt, dessen Status als Kunst von der weißen Wand definiert wird, an der es hängt. Kunst und Architektur befinden sich in einem ständigen Dialog. Immer dann, wenn es zu Reibungen zwischen ihnen kommt, wird es meistens erst richtig interessant. Kunst und Architektur existieren nicht in einem Vakuum.

Beatriz Colomina: Diese Feststellung trifft auch auf die Architektur zu. Architekt*innen lieben es, Zwänge zu hassen. Sie klagen über knappe Budgets, Planungsvorschriften, schwierige Kontexte, aber meistens sind es gerade diese Bindungen, die ihre Arbeit interessant machen. Charles Eames kam zu dem Schluss, je größer die Hindernisse, desto besser die Arbeit.[4] Große Künstler*innen sind in der Regel diejenigen, die sich auf einen herausfordernden Kontext einlassen und darauf reagieren, die die Beschränkungen als inspirierende Herausforderung und nicht als Hindernis betrachten. Manchmal beschweren sich Künstler*innen über den Raum, in dem sie ihre Arbeiten ausstellen sollen: „die Decken sind zu niedrig", oder „es ist nicht neutral genug". Aber was ist ein neutraler Raum überhaupt? Was ist Neutralität?

Mark Wigley: Neutralität ist eine nicht-neutrale Eigenschaft. Die weißen Wände der Galerie sind niemals neutral, ebenso wenig wie Technologien. Digitale Technologien und die virtuellen Räume, von denen die Karin spricht, sind nicht neutral, auch wenn es so scheinen mag. Und da unser Gespräch nun in Richtung Neutralität und Technologie abgedriftet ist, möchte ich vorschlagen, dass wir zum Pavillon zurückkehren. Angenommen, es gäbe in Venezuela irgendeine Form von Korruption, dann würde das Geld doch sicherlich auf einem Schweizer Bankkonto liegen, oder? Auf der einen Seite haben wir also ein Land, das sich Effizienz und Neutralität auf seine Fahnen schreibt, und auf der anderen Seite eins, das weltweit als quasi-kommunistischer und von Öl abhängiger Staat wahrgenommen wird, und doch sind beide durch ein virtuelles Leitungssystem miteinander verbunden, durch welches Kapital fließt. Karins und Philips Intervention

down from the sink. Mies talks about 'free space': but his space is very fixed … any arrangement of furniture becomes a major problem, because the house is transparent, like an X-ray."[1] Isn't it fascinating how it takes just one little innocent comment to undo the whole modernist dogma of transparency?

Mark Wigley: Absolutely. But let us freeze-frame our conversation for a moment. Based on what we just said, one could argue that architects hide things while artists reveal them: Architects project an image of transparency but then hide the guts of the building behind white-plastered walls, while Karin undoes that same surface exposing the hidden processes that are taking place behind the scenes of the gallery space.

Beatriz Colomina: That would be one way to see it, but of course that distinction isn't as black-and-white. Sometimes architects operate just like artists. For example, according to the canonical histories of modernist architecture, the first experiments with transparency in architecture started precisely in spaces designed for exhibitions, like Bruno Taut's 1914 pavilion for the *Deutscher Werkbund* exhibition in Cologne, or Ludwig Mies van der Rohe's speculative project for the glass skyscraper on Friedrichstraße in Berlin. Had these projects been developed for a client, with stricter budget constraints, they certainly would have been very different, or at least not nearly as innovative. Their radicalism is inextricably tied to the fact that they emerged inside spaces at the intersection between art and architecture, where architects were freed from the limitations of function. In this respect, one could argue that these works are closer to art than to architecture. Think of the Barcelona Pavilion: it has no function outside itself. Allegedly, when Mies was asked what was going to be exhibited inside, his answer was, "Nothing will be exhibited, the pavilion itself will be the exhibit."[2]

Mark Wigley: Was there plumbing inside the Barcelona Pavilion?

Beatriz Colomina: No, there was no plumbing! And that is precisely the thing. Like Matta-Clark would say, "the difference between architecture and sculpture is whether there is plumbing or not."[3] According to this logic, we can argue that the Barcelona Pavilion is in fact not architecture but sculpture.

Anh-Linh Ngo: Does that mean that liberating architecture from function automatically turns it into art? And is art without function by definition?

Mark Wigley: I will try to answer with a hyperbole: Architecture is nothing but repression. It's not simply that architects hide things away; architecture is itself nothing other than the effect of hiding, a pathological symptom of repression. And this is its real work. Architects are notoriously not good with function; they thrive with forms that hide things, including the form's own constitution. Think about it, if you want your home to be dry and warm, you most certainly should not hire an architect. Architecture is the face of repression, what you see when you don't see things—hence the uncanny white surface that hides everything. If art reveals and architecture conceals, the dance between them can never be straightforward. Art that is traditionally thought to be art, inasmuch as it lacks purpose, might be much more on the side of purpose—and architecture might have nothing to do with the purpose it is always associated with. Not only do I see purpose in art, but art often operates in ways that resemble how we expect architecture to operate: providing comfort, memory, order, and space for interaction and desire. So, to go back to the original question of where to situate Karin's practice, I am wondering if maybe we are simply chasing the answer to a question that should never be answered because that is exactly the strength of her work: that it doesn't sit comfortably on either side of that binary but dwells in its complications. Why would we be interested in an artist whose work is unambiguously art? As a matter of fact, Beatriz and I are probably fascinated by Karin's work precisely because Karin is much more of an architect than we are ourselves.

Beatriz Colomina: Well, that's easy, because we are not really architects!

Karin Sander: And what about the function of architecture in relationship to art? We once had a speculative exercise with our students at ETH Zurich, in which they were asked to think about a virtual architecture and the kind of art they would like to show inside it. It's a very difficult task because a virtual space has no constraints. You could show 30,000 drawings, one after the other, inside a never-ending hallway! Or you can think of something more compelling, but when you try to do so, it doesn't quite work, because art needs constraints and resistance, it needs the friction of architecture. Architecture is not just a pedestal for the artwork, and the artwork is not just an object whose status as art is defined by the white wall it is hung from. Art and architecture are in constant dialogue. Whenever there is a friction between them, that is usually when things get interesting. Art and architecture do not exist in a vacuum.

Beatriz Colomina: This observation is also true for architecture. Architects love to hate constraints. They complain about tight budgets, planning regulations, difficult contexts, but more often than not these constraints are precisely what make the work interesting. The bigger the constraints, the better the work, as Charles Eames argued.[4] Great artists typically are the ones that engage and respond to a challenging context; those who look at constraints as endeavors rather than obstacles. Sometimes artists complain about the space in which they are invited to exhibit: "the ceilings are too low," or "it's not neutral." But what is a neutral space anyway? What is neutrality?

am Schweizer Pavillon öffnet eine Tür zu dieser weiter gefassten Sphäre, aber wie ist ihnen das gelungen? Indem sie eine Mauer beseitigt und einen riesigen Grundriss in der Mitte des Ausstellungsraumes platziert haben. Karin, du bist so besessen von Wänden und Grundrissen, dass wir annehmen müssen, dass du Architektin bist.

Anh-Linh Ngo: Wir sollten besser keine voreiligen Schlüsse ziehen. Bevor wir zu einem endgültigen Urteil kommen, möchte ich gerne über eine weitere Arbeit sprechen, die in dieser ARCH+ Ausgabe ausführlich präsentiert wird: die *Kitchen Pieces*. Im Gegensatz zu den Darstellungen auf klassischen illusionistischen Stillleben, besteht *Kitchen Pieces* aus echtem Obst und Gemüse, welches sich in einem organischen Verfallsprozess befindet, der auf die makellos weiße Wand übergreift, an die es genagelt ist. Diese Arbeit führt uns zurück zum Gedanken der Architektur als Verdrängung und zu jenem Kanon der Moderne, dem zufolge Architektur angeblich neutral und frei von jeglicher Ornamentik sei. Wenn ich Karin vor mir sehe, wie sie einen Kohlkopf oder eine Erdbeere an die weißen Wände einer Galerie nagelt, sehe ich eine Parallele zu Beatriz' Arbeit als Architekturhistorikerin, die Aspekte wie Sexualität, Verfall, Perversion und Krankheit in den Architekturdiskurs einbringt. Auf diese Weise offenbart sich die Geschichte der modernen Architektur nicht länger als eine der Rationalität, der Objektivität und ästhetischen Reinheit, sondern vielmehr als eine Geschichte, die mit eher hinterlistigen Strategien der Verschleierung und Vertuschung operiert. Beatriz, was sagen dir dieses Obst und Gemüse im Hinblick auf das Verhältnis von Kunst und Architektur der Moderne? Welche Lehre können wir daraus ziehen, um das Verhältnis zwischen Kunst und Architektur heute zu verstehen?

Beatriz Colomina: Wenn ich dieses schöne Obst und Gemüse betrachte, das an der weißen Wand der Galerie verrottet, muss ich unwillkürlich an Edith Farnsworths Obsession mit dem Abfalleimer denken, die Karin vorhin erwähnt hat. Warum ist der Abfalleimer so wichtig für sie? Vor allem, wenn man bedenkt, dass die Intimität ihres Schlafzimmers, ihr Bett durch die Glasfassade völlig ungeschützt und einsehbar ist. Ist das nicht komisch? Ich glaube, dass die Gründe für diese fixe Idee jenem tief verwurzelten Drang der modernen Architektur entspringen, jegliche Spur des Verfalls aus dem Haus zu tilgen. Organischer Verfall muss um jeden Preis versteckt und beseitigt werden. Die bloße Vorstellung, dass der Körper vergänglich ist, durfte in der neuen makellosen Architektur des 20. Jahrhunderts nicht vorkommen. Schon gar nicht staubige häusliche Interieurs des 19. Jahrhunderts, vollgestopft mit Textilien und Teppichen, Krimskrams und all jenen Dingen, von denen man glaubte, dass sie Keime und Krankheiten mit sich brächten. Die Architekt*innen der Moderne wollten das Bild eines geradezu klinischen Heims vermitteln. Aber diese Form von „antibiotischer Architektur", die völlig steril und von der Außenwelt abgeschottet war, hat eine ganze Reihe neuer Gesundheitsprobleme hervorgebracht. Der Mangel an bakterieller Vielfalt in unserem Mikrobiom, den wir durch den extensiven Einsatz von Antibiotika, zwanghaftes Putzen, antiseptische Seifen usw. herbeigeführt haben, hat zum Auftreten vieler Krankheiten in unserer Zeit beigetragen. Im Architekturdiskurs werden zunehmend neue biologische Konzepte diskutiert, um Leben in die menschengemachte Umwelt zurückzubringen, daher hören wir plötzlich von all den großartigen Ideen über das Bauen mit Myzel oder Entwürfen für nicht-menschliche Spezies, für andere biologischen Entitäten, von denen wir mittlerweile wissen, dass sie für unser eigenes Überleben unerlässlich sind.

Mark Wigley: Ist es nicht seltsam, wie die *Kitchen Pieces* meine Fixierung auf die Semantik weißer Wände und Beatriz' Obsession mit dem Verhältnis von Architektur und Gesundheit auf so überzeugende Weise zusammenführen? Und zwar indem sie enorme Bakterienpopulationen an den Galeriewänden ausbrüten. Wenn ich dieses an die Wand genagelte Obst und Gemüse betrachte, sehe ich eigentlich nur Bakterien. Nicht nur an der Wand, sondern auch in der Raumluft. Ich denke an die Menschen, die deine Arbeit buchstäblich einatmen. Ich sehe, wie das Werk allmählich stirbt und alles um sich herum infiziert. Das ist eine hochinfektiöse Arbeit und deshalb äußerst spannend. Hast du überhaupt an Bakterien gedacht, Karin, als du diese Arbeit konzipiert hast?

Karin Sander: Ich habe nicht speziell an Bakterien gedacht, aber wenn der Verfallsprozess relativ weit fortgeschritten ist und der Schimmel sich in allen möglichen Farben ausbreitet, dann sieht man mitunter auch Fruchtfliegen, die sich um die Arbeit herum ansammeln. Wie John Waters schrieb: „There's a Fungus Among us."[5] Dann ist der Zeitpunkt gekommen, in dem die Infektiosität der Arbeit zu offenkundig wird, um sie zu ignorieren. Manchmal tropft Saft auf dramatische Weise an der Wand herunter. Manchmal setzt das Obst und Gemüse Schimmel an, oder es wird runzlig oder trocknet einfach aus.

Mark Wigley: Kann man die Arbeit riechen?

Karin Sander: Selten. Die meisten Obst- und Gemüsesorten trocknen relativ schnell aus, danach bleibt ihre Schönheit „für immer" erhalten.

Mark Wigley: Ich liebe diese Arbeit. Wenn die Architektur der Moderne, wie Beatriz sagt, eine Verfallsphobie hatte, dann ist Karins Arbeit eine subtil-perverse Art, dieses Architekturverständnis herauszufordern.

Beatriz Colomina: Das sehe ich genau so, vor allem, wenn man sich überlegt, was die Leute alles unternehmen, um solche Orte von Ungeziefer freizuhalten. Tag für Tag werden Unsummen für Reinigung, Desinfektion, Schädlingsbekämpfung ausgegeben. Stell dir die armen Galerist*innen vor, die geradezu manisch darum bemüht sind, den Raum makellos zu halten, und dann kommt Karin und nagelt einen Haufen Obst und Gemüse an die Wand, was dann alle möglichen Insekten und Bakterien anzieht. Ich liebe diese Arbeit auch. Ein Kunstwerk, das vor den Augen der Betrachtenden ungeniert verrottet und verfault, ungeachtet des enormen Aufwands unsichtbarer Heerscharen von Menschen, die diesen Ort makellos sauber zu halten versuchen. Es ist eine Subversion der Galeriewelt. Und natürlich geht es dabei nicht nur um das Werk selbst. Vielmehr auch um den Heldenmut, mit dem dieses an die Wand genagelte Märtyrerobst und -gemüse gegen die Vorstellung aufbegehrt, dass in diesen modernen Interieurs nichts Schlechtes vorkommen darf. Um hier Robert Musil zu zitieren: „Der moderne Mensch wird in der Klinik geboren und stirbt in der Klinik: also soll er auch wie in einer Klinik wohnen!"[6] Verfall, Alterung, Krankheit, Tod sind aus dem häuslichen Umfeld und Räumen des Alltags eliminiert worden.

Karin Sander: Diese Subversion wird noch durch die Verwandlung unterstrichen, die dieses Obst und Gemüse von dem Moment, in dem es an die Wand genagelt wird – so schön und perfekt, dass es fast künstlich erscheint, bis zu jenem Moment durchläuft, in dem man den Galerieraum betritt und Zeuge ihres Verfalls wird. Wenn die Leute den Raum betreten, gibt es immer diesen Moment der Ambivalenz. Sie sind zwischen der Formulierung eines ästhetischen Urteils und einer schlichten empirischen Beobachtung hin- und hergerissen: „Was genau sehe ich hier eigentlich? Ist es eine Frucht oder das dreidimensionale Bild einer Frucht?"

Mark Wigley: Herrlich. Ich vernehme hier einen Hauch von Duchamp. In diesem Zusammenhang möchte ich noch einmal auf unsere ursprüngliche Frage zurückkommen, nämlich wo wir Karins Arbeit eigentlich verorten wollen. Mir scheint, dass es bei vielen ihrer Arbeiten nicht um die Werke an sich, sondern um die Galerie

Mark Wigley: Neutrality is a non-neutral performance. The white walls of the gallery are never neutral, nor are technologies. Digital technologies and the virtual spaces Karin talks about are not neutral, even if they might seem so. And since the conversation has now drifted towards neutrality and technology, I think we must go back to the pavilion because, if there was any kind of corruption in Venezuela—assuming that such a thing existed—then surely the money would be stored in a Swiss bank account, wouldn't it? So, on one side you have a nation that is performing efficiency and neutrality as its core values, and on the other you have one that is coded globally as a quasi-communist state feeding on oil, and yet the two are linked together by some kind of virtual plumbing which moves capital. Karin and Philip's intervention at the Swiss Pavilion opens a door onto this wider sphere, and how do they do so? By removing a wall and placing a huge floor plan in the middle of the exhibition space. Karin, you are so obsessed with walls and floor plans, we must assume that you are an architect.

Anh-Linh Ngo: Let's not rush to conclusions yet. Before we come to a final verdict, I'd like to talk about one more work that is extensively featured in this ARCH+ issue: the *Kitchen Pieces*. Contrary to classic illusionistic representations of still life, *Kitchen Pieces* consists of real fruit and vegetables caught in a process of organic decay that infects the immaculate white wall to which they are nailed. This work takes us back to the idea of architecture as repression and the canonical narratives about modern architecture as supposedly neutral and devoid of ornament. Personally, when I think of Karin nailing a cabbage or a strawberry to a gallery's white walls, I see a parallel to Beatriz's work as an architectural historian and the way she introduces the topics of sexuality, decay, perversion, and illness into the architectural discourse. As a result, the history of modern architecture no longer appears as one of rational thought, objectivity, and aesthetic purity, but one that operates with more insidious strategies of covering up and concealing. Beatriz, do these fruit and vegetables speak to you with regard to the relationship between modern architecture and art? What kind of lesson can we take away that is relevant to understating the relationship between art and architecture today?

Beatriz Colomina: When I look at these beautiful fruit and vegetables decaying on the gallery's white wall, my first thought goes back to Edith Farnsworth's obsession with the garbage can Karin mentioned earlier. Why is the garbage can so important to her? Especially considering that the intimate space of her own bed is entirely exposed through the glass wall, yet the one thing she is obsessed with is the garbage can. Isn't that funny? I believe that the reasons behind this obsession lay in a deeply rooted urge in modernist architecture to obliterate every possible trace of decay from the home. Organic decay must be hidden and cleaned up at all costs. The very idea that the body is perishable must not transpire through the new sleek architecture of the 20th century. Imagine a dusty 19th-century domestic interior, stuffed with textiles and carpets, and bric-a-brac, and all the things they were thought to bring along, such as germs and disease. Modernist architects wanted to project the image of a home that is almost surgical. But this kind of "antibiotic architecture," completely sterile and removed from the outside, has produced a whole new set of health problems. The lack of diversity of bacteria in our microbiome, which we have engineered through the extensive use of antibiotics, obsessive cleaning, antiseptic soaps, and so on, has contributed to the emergence of many of the diseases of our time. But architectural discourse is now slowly moving towards the exploration of new biological concepts to bring life back into humanmade environments, and so we suddenly hear all these fantastic ideas about building with mycelium or designing for the non-human, for other species, for other biological entities that we now understand are essential for our own survival.

Mark Wigley: Isn't it funny how the *Kitchen Pieces* compellingly bring together my obsession with the semantics of white walls and Beatriz's obsession with the relationship between architecture and health? And they do so by incubating massive populations of bacteria on the gallery walls. When I look at these fruit and vegetables nailed to the wall, all I see is bacteria. Not just on the wall, but in the air, too. I am thinking about the people who are literally breathing your work. I see how the work is steadily dying and infecting everything around it. This is a highly infectious work and therefore very exciting. Karin, were you thinking about bacteria at all when you conceptualized this work?

Karin Sander: I wasn't specifically thinking about bacteria, but you have to know that at some point, when the process of decay has gone relatively far and the mold starts to spread in all sorts of colors, you sometimes begin to see fruit flies congregating around the work. As John Waters put it: "There's a fungus among us."[5] That's the moment when the infectiousness of the work becomes too obvious to ignore. Sometimes you see juice dramatically dripping down the wall. At others, they get moldy, or wrinkly, or simply dry up.

Mark Wigley: Can you smell the work?

Karin Sander: Mostly not. Most fruit and vegetables dry up relatively fast, after which their beauty remains "forever".

Mark Wigley: I am in love with this work. If, like Beatriz says, modern architecture is decay-phobic, Karin's work is like a subtly perverse way to tease architecture.

Beatriz Colomina: Absolutely, just think how people are going to great lengths in order to keep bugs out of these places. So much

geht. Die *Wandstücke* zum Beispiel, für die sie ein Stück der Galeriewand so lange poliert, bis es spiegelglatt ist und glänzt, finde ich wirklich bezeichnend. Was ich mich allerdings frage, Karin, ist: Fügst du eigentlich etwas hinzu oder nimmst du etwas weg, wenn du die Wand auf diese Weise polierst?

Karin Sander: Ich poliere einen Abschnitt der weißen Wand so lange, bis er stark glänzt. Manchmal lege ich ältere Farbschichten oder andere Farben frei, aber meistens ist es einfach nur Weiß auf Weiß. Abhängig von den Lichtverhältnissen ist die Arbeit meistens nur aus bestimmten Blickwinkeln gut zu sehen. Aus einer bestimmten Position heraus wirkt sie fast wie ein Fenster, während man aus anderen Blickwinkeln nur eine rechteckige, das Licht reflektierende Fläche sieht. Um also deine Frage zu beantworten, ich entferne etwas. Das ist so, als würde man ein Gemälde malen, indem man Farbe entfernt.

Mark Wigley: Zugleich fügst du aber dem Raum etwas hinzu. Du fügst etwas hinzu, indem du etwas entfernst. Du fügst der Wand ein Bild hinzu, indem du Farbe entfernst.

Beatriz Colomina: Es ist ein bisschen wie bei einer Restaurierungsarbeit: Man entfernt eine Schicht, um das darunter liegende Material freizulegen, und damit fügt man etwas völlig Neues hinzu.

Karin Sander: Was ich entferne, ist weniger als ein Millimeter der Wandbeschichtung, also fast nichts.

Mark Wigley: Okay, du nimmst also fast nichts weg, aber das Ergebnis ist weitreichend, da die Wand nun einem Spiegel gleicht. Die Wand offenbart, was vor ihr steht: den Betrachtenden. Auf der Grundlage der bislang gesammelten Beweise kann die Jury also getrost zu dem Schluss kommen, dass Karins Arbeit ein architektonisches Werk ist, bei dem sie den Raum von der repressiven Kraft der Funktion befreit und von sich selbst sprechen lässt.

Karin Sander: Ja, das stimmt, aber gleichzeitig widersetzt sich die Arbeit dieser Form von binärem Denken. Denn die Wand ist in Wirklichkeit kein Spiegel, sondern immer noch eine Wand. Ich weiß nicht, ob das Kunst oder Architektur ist. Ich finde, die beste Antwort hast du bereits zu Beginn unseres Gesprächs gefunden, nämlich dass wir „der Antwort auf eine Frage hinterherjagen, die niemals beantwortet werden sollte."

Das Gespräch wurde von Mirko Gatti redigiert.

1 Beatriz Colomina: *X-Ray Architecture*, Zürich 2017, S. 146

2 Zitiert nach Julius Posener: „Los primeros años. de Schinkel a De Stijl", in: *A&V. Monografías de Arquitectura y Vivienda*, Band 6 (1986), H. 33; übers. v. Beatriz Colomina

3 Donald Wall: „Gordon Matta-Clark: Building Dissections. An Interview with Donald Wall" (1976), in: *Gordon Matta-Clark: Works and Collected Writings*, hg. v. Gloria Moure, Barcelona 1977, S. 58

4 Vgl. „Design Q&A" (1972), in: *The Films of Charles and Ray Eames*, Band 4, prod. v. Eames Office / Pyramid Media, 2000

5 John Waters: „There's a Fungus Among Us", in: *Karin Sander. Gebrauchsbilder* (2011), hg. von Staatliche Kunsthalle Baden-Baden und Kunstmuseum St. Gallen, ohne Seite; referenzierend auf Terry Noland: *There Was A Fungus Among Us*, Brunswick Recordings, 1958

6 Robert Musil: *Der Mann ohne Eigenschaften*, Reinbek 1986, S. 19 f.

money is spent every day in cleaning, disinfecting, pest control. Imagine the poor gallery keepers and all the maniac work that they do to make sure that the space is always pristine, and then, Karin comes in and nails a bunch of fruit and vegetables to the wall attracting all kinds of insects and bacteria inside. I love it as well. Here you have this piece of art that is unapologetically rotting and decaying in front of the viewer's eye, regardless of the enormous amount of labor imposed on an invisible army of people that work to make sure that these spaces are spotless. It is a subversion of the gallery system. And of course, this is not just about the work itself. The bravery of these martyr fruits and vegetables nailed to the wall is that they scream against the idea that inside these modern interiors nothing bad can ever happen. As Robert Musil once put it, "Modern man is born in a hospital and dies in a hospital, so he should make his home like a clinic." Decay, aging, illness, death, have been completely removed from the home and everyday spaces.

Karin Sander: This subversion is highlighted by the transformations these fruit and vegetables undergo between the moment in which they have been freshly installed—so beautiful and perfect that they almost look as if they were artificial—and the moment you enter the gallery space and witness their decay. When people walk into the space there is always a moment of ambivalence. They are caught up in between the formulation of an aesthetic judgment and a simple empirical observation: "What exactly am I looking at? Is it a fruit or a three-dimensional painting of a fruit?"

Mark Wigley: Beautiful. I smell a hint of Duchamp here. On this note, I would like to go back yet again to our original question of where to situate Karin's practice. It seems to me a lot of her work is not about the artworks but about the gallery. For example, I am truly fascinated by the *Wall Pieces*, where you simply polish a piece of the gallery's white wall until the surface is shiny and reflective. But when you polish the wall, are you adding something or taking something away? Is it about addition or removal?

Karin Sander: What I do is to meticulously polish a section of the white wall until it becomes completely shiny. Sometimes you uncover older layers of paint and other colors, but most of the times it is just white-on-white. Usually, the work is only properly visible from specific viewpoints, depending on the lighting conditions. From a certain position it almost looks like a window, while from other points of view you only see a rectangular, reflective surface. So, to answer your question, what I do is to remove. It's like painting a painting by removing paint.

Mark Wigley: But at the same time, you are also adding something to the room. You add something by removing something. You add a painting to the wall by removing paint.

Beatriz Colomina: It's a bit like a work of preservation, you remove a layer of material to reveal what's below, and in doing so you add something that is completely new.

Karin Sander: What I remove is less than a millimeter of the wall's coating, almost nothing.

Mark Wigley: Ok, so you remove almost nothing, yet the result is everything, because the wall is now a mirror. The wall reveals what stands in front of itself: the spectator. So, based on the evidence collected so far, the jury can confidently conclude that this is a work of architecture because, freed from the repressive force of function, Karin allows the building to talk about itself.

Karin Sander: Yes, that's right, but at the same time, the work resists this kind of binary thinking. Because the wall is actually not a mirror, it is still a wall. I don't know if it's art or architecture. I think you already gave the perfect answer at the beginning of our conversation that "maybe we are simply chasing the answer to a question that should never be answered."

Edited by Mirko Gatti

1 Beatriz Colomina, *X-Ray Architecture* (Zurich: Lars Müller Publishers, 2017), 146.
2 Cit. Julius Posener, "Los primeros años. de Schinkel a De Stijl," in *A&V. Monografías de Arquitectura y Vivienda*, vol. 6 (1986), 33; trans. Beatriz Colomina.
3 Donald Wall, "Gordon Matta-Clark: Building Dissections. An Interview with Donald Wall" (1976), in *Gordon Matta-Clark: Works and Collected Writings*, ed. Gloria Moure (Barcelona: Ediciones Polígrafa, 1977), 58.
4 Cf. "Design Q&A" (1972), in *The Films of Charles and Ray Eames*, vol. 4, prod. Eames Office/ Pyramid Media, 2000.
5 John Waters, "There's a Fungus Among Us," in *Karin Sander. Gebrauchsbilder*, eds. Staatliche Kunsthalle Baden-Baden and Kunstmuseum St. Gallen (Nuremberg: Verlag für moderne Kunst, 2011), unpaginated; referencing Terry Noland: *There Was A Fungus Among Us*, Brunswick Recordings, 1958.
6 Robert Musil, *The Man without Qualities*, trans. Sophie Wilkins (New York: Vintage International, 1996), 15.

Die Geschichte der Moderne, so Brian O'Doherty in seinem berühmten Aufsatz „Inside the White Cube" (1976),[1] sei so eng mit der Erfindung des White Cube verknüpft, dass wir anhand dessen Veränderungen auch die Veränderungen der Kunst und darin den Wandel der Gesellschaft erkennen – ein nach wie vor aktueller Gedanke. Die Aktualität liegt in der von O'Doherty zwingend angenommenen „Umwandlung der Alltagswahrnehmung zu einer Wahrnehmung rein formaler Werte"[2], für die der White Cube benötigt werde – aus seiner Sicht eine der „fatalsten Krankheiten"[3] der Moderne. Dem White Cube komme die Aufgabe zu, einen Erfahrungspool für lebensweltliche Defizite bereitzustellen. „Wenn Kunst eine kulturelle Funktion hat, die über ihre Eigenschaft hinausgeht, dass sie schon selbst Kultur ist", so O'Doherty, „dann liegt diese auf dem Gebiet der Bestimmung von Raum und Zeit. Der Energieaustausch zwischen verschiedenen Raumkonzepten, die in Kunstwerken Wirklichkeit werden, und dem Raum, den sie besetzen, gehört zu den grundlegenden und bisher kaum begriffenen Kräften der Moderne."[4]

Der White Cube ist heute keinem Akzeptanzproblem mehr unterworfen, wie es O'Doherty und die Generation der Conceptual Art noch annahmen. In diesem ästhetischen und sozialen Erfahrungsraum neuen Typs, zu dem sich der White Cube in den letzten Jahrzehnten entwickelt und in dem die Lebenswelt ornamentalen Charakter angenommen hat, erleben wir ein Eintauchen und Verschwinden der Kunst in ihre Präsentationsmodelle sowie ein Identischwerden der Kunst mit Wirklichkeitsmodellen. Wo die ästhetische Grenze zwischen Kunst und Lebenswelt nicht mehr durch das geschlossene Werk, durch Rahmung oder Sockel garantiert wird, entstehen hybride Mischformen. Die bewusste Verwischung der ästhetischen Grenze ist in den seltensten Fällen eine Erweiterung der ästhetischen Erfahrung, eher bedeutet sie eine Aneignung lebensweltlicher Beziehungen, Verhältnisse und Situationen. So gesehen, hat die Rezeptionsgeschichte der Weißen Zelle eine Gegengeschichte der Neutralität hervorgebracht.

1 Brian O'Doherty: *In der weißen Zelle / Inside the White Cube*, Berlin 1995
2 Ebd., S. 10
3 Ebd.
4 Ebd., S. 38

Text: Marius Babias

Die Umsorgung des kapitalistischen Warenfetischs

The history of modernism, Brian O'Doherty suggests in his famous essay "Inside the White Cube" (1976),[1] is so closely bound up with the invention of the White Cube gallery space that changes in the latter reveal how art itself—and by extension society—changes: an idea that is as topical as ever. Its topicality stems from what O'Doherty assumes invariably happens, namely the "transposition of perception from life to formal values,"[2] an act for which the White Cube is required and which, he believes, is "one of modernism's fatal diseases."[3] The White Cube thus has the task, he says, of making available an experiential pool for deficits in the lifeworld. "If art has any cultural reference (apart from being 'culture')," O'Doherty suggests, then "surely it is in the definition of our space and time. The flow of energy between concepts of space articulated through the artwork and the space we occupy is one of the basic and least understood forces in modernism."[4]

Today, the White Cube is no longer struggling to be accepted, defying O'Doherty's and the Conceptual Art generation's qualms about it. In this new type of space for aesthetic and social experience, into which the White Cube has evolved in recent decades and in which the lifeworld has assumed an ornamental character, we experience art immersing itself and disappearing inside the modalities of its presentation; art becomes identical with models of reality. Hybrid forms arise where the aesthetic line dividing art and the lifeworld is no longer safeguarded by the closed form, by frames, or by plinths. Only in the rarest instances does the conscious blurring of the aesthetic limits serve to expand the aesthetic experience; instead, it tends to mean appropriating lifeworldly relationships, conditions, and situations. Seen this way, the history of the White Cube's reception has engendered a counter-history of neutrality.

1 Brian O'Doherty, *Inside the White Cube: The Ideology of the Gallery Space* (Santa Monica: The Lapis Press, 1986).

2 Ibid., 15.

3 Ibid.

4 Ibid., 38.

Text: Marius Babias

Nurturing the Capitalist Commodity Fetish

Karin Sanders Genie liegt darin, ganz einfache Ideen zu haben, die zu wundersamen Ergebnissen führen. Zumindest scheint die Idee einfach, die Umsetzung ist manchmal ein jahrelanger, technisch hochkomplexer Prozess. Aber das Ergebnis ist jedes Mal eine Art Wundermaschine, die gar nicht aufhören will, den Betrachter zu beschäftigen. Man könnte Karin Sanders Kunst „so what"-Kunst nennen. Das meiste lässt sich in einem halben Satz beschreiben, doch sobald es umgesetzt und, im wahrsten Sinne, zu bestaunen ist, hat man gar nicht genug Worte dafür.

Für die Arbeit *Kitchen Pieces* hat Karin Sander Gemüse an die Wand genagelt. So what? Ja, verdammt, das wäre die Frage, was sie da schon wieder lostreten wollte, in unseren Köpfen. Da sie in der Ausführung Perfektionistin ist, hingen die Salatköpfe und Auberginen, der Blumenkohl, die Grapefruits und die Paprika in einer perfekten Reihe nebeneinander, eine Art Gemüse-Fries, milde lächelnd über alle vorangegangenen Friese und Borten der Kunstgeschichte, die antiken, die kirchlichen, die des Jugendstils.

Außerdem schienen die Gemüse völlig unversehrt. Irgendwo hinten drin mussten sie einen Nagel im Fleisch haben, aber davon war nichts zu sehen. Sehr helles Licht fiel auf sie, und wer den Raum betrat, war minutenlang irritiert: War das hier alles aus Plastik, erzeugt in jenen Fabriken, die auch bonbonbunte Schau-Sushi herstellen? Oder war das alles vielmehr echter als echt, nuklear bestrahlt, in einem Giftgrün, Knallrot und Zitronengelb, wie es in der Natur niemals vorkommt? Würde das ganze Gemüse gleich hier an der Wand zu wuchern beginnen? Ein Dornröschenwald aus Marktgemüse? Den Raum und seine Besucher verschlingend?

Der sensible Granatapfel hatte beim An-die-Wand-genagelt-Werden eine blutige Träne vergossen, die die weiße Wand hinunterlief. Und der Kohlrabi streckte seine Triebe und Blätter ganz von selbst in alle Richtungen wie eine eitle Ballerina. So viel dramatischen Ausdruck wie bei diesem Kohlrabi kriegen nur die besten Bildhauer hin. *Kitchen Pieces* nennt die Künstlerin hinterlistig das echte Gemüse, das sich, richtig ausgestellt, sofort gebärdet wie Pop-Art. Das aussieht, als wäre es aus der Wand gewachsen und würde gleich zu singen beginnen. Karin Sander ist wahrlich eine freundliche Hexe, die das Alltäglichste mit wenigen Eingriffen so künstlich macht, dass unser Denken und Schauen gar keine andere Möglichkeit haben als anzuspringen.

Text: Eva Menasse

Ohne T itel

Karin Sander's genius consists in coming up with simple ideas that lead to fascinating results. At least the ideas appear simple; their realization is sometimes a technically highly complex process that may take years to complete. But every time, the result is a kind of magical mechanism that incessantly commands the observer's attention. One could label Karin Sander's art "so-what art." Most of it can be described in half a sentence, but as soon as it is realized and subject to our marveling gaze, we are at loss of words to describe it.

For the work *Kitchen Pieces* Karin Sander has nailed vegetables to a wall. So what? Yes, damn it, you might well ask what kind of ideas she is trying to trigger in our heads this time. Since she is a perfectionist, the lettuce and eggplant, the cauliflower, the grapefruit, and the bell pepper are arranged in a perfect line—a kind of vegetable frieze, indulgently smiling at all previous friezes and decorative ledges in the history of art, from antiquity to ecclesiastical art to art nouveau.

In addition, the vegetables seem to be completely intact. Somewhere at the back they must have a nail stuck into them, but you cannot see any trace of it. An extremely bright light falls on them; and when you enter the room, for several minutes you are bemused: Is this all made of plastic, produced in the same factories that turn out garishly colored artificial sushi for display? Or is it instead all hyperreal, doused in atomic radiation, creating bilious greens, brilliant reds, and lemony yellows that exist nowhere in nature? Will all this vegetable matter burst into a rampant growth, right here on the wall, forming a produce hedge akin to the one surrounding Sleeping Beauty's castle, and engulfing the room and everyone in it?

When it was nailed to the white wall, the tender pomegranate shed a bloody tear that ran down toward the floor. And the German turnip has stretched out its shoots and leaves, of its own accord, in all directions like a conceited ballerina. Only the best sculptors achieve as much dramatic expression as is radiated by this German turnip. The artist has disingenuously labeled these real vegetables *Kitchen Pieces*. Exhibited like this, they immediately pose as pieces of pop art, looking as if they were sprouting out of the wall and might burst into song any minute. Karin Sander is truly a friendly witch, making the most mundane objects appear so artificial—with minimal effort—that our mental processes and perceptive powers have no choice but to spring into action.

Text: Eva Menasse

Un titled

Kinder wissen, dass die Dinge vielgestaltig sind. Jedes Objekt kann immer auch ein anderes sein; der Klotz ein Auto, das Kissen eine Mauer, die Küchenrolle eine Rakete. Die Wände der Wirklichkeit sind noch nicht fest, wenn man Kind ist, sondern durchlässig, daher ist der Blick auf das Mögliche genauer, also auf das, was den Dingen *auch noch* innewohnt. Weil die Dinge so viel sein können und so vieles können, haben Kinder auch die Frage, was die Dinge tun, wenn man sie aus den Augen lässt. Wenn sie allein im Zimmer sind und womöglich ein Eigenleben entfalten, von dem man aber nichts sieht, weil sie beim Öffnen der Tür immer wieder so dastehen, als wäre nichts gewesen. Die Dinge können also andere Zustände annehmen, Beziehungen eingehen, Geheimnisse haben, Kinder halten das für möglich. Und damit sind sie übrigens auch auf der Höhe der Quantentheorie, die erkenntnislogisch ausschließt, dass man sagen kann, welchen Zustand etwas hat, wenn man es *nicht* beobachtet.

Ernst Bloch hat vor fast einem Jahrhundert diesen Kindergedanken aufgenommen, indem er unter der Überschrift „Der Rücken der Dinge“[1] die Frage gestellt hat, ob die Dinge denn auch schauspielern, wenn sie auf einer Theaterbühne arrangiert sind. Blochs Beispiel ist eine Szene in Schillers *Wallenstein*, in der der Feldherr den schwedischen Unterhändler Wrangel trifft und klar ist, dass da nicht Wallenstein und Wrangel selbst auf der Bühne agieren, sondern Schauspieler. Aber was ist mit dem Tisch, den Stühlen, den brennenden Kerzen? Sind das einfach nur Dinge, oder stellen sie etwas dar: den Tisch, die Stühle, die Kerzen? Falls nicht, warum erleben wir, wenn „die Kerzen und der Tisch wirklich Kerzen und Tisch“[2] sind, keinen Riss in der Wahrnehmung, keinen Bruch in der Performanz des Ganzen? „Schauspielern denn auch die Dinge?“[3], fragt Bloch, und dreht damit die Kinderfrage eine Schraubenwindung weiter.

Blochs tiefgründige Frage fällt mir ein, wenn ich die *Kitchen Pieces* sehe, die Karin Sander in einer umfänglichen Werkgruppe gleichen Namens seit 2012 an die Wände von Ausstellungsräumen hängt. Diese Dinge schauspielern ja womöglich: geben vor, Kunst zu sein. In einer monodimensionalen Wirklichkeitsbetrachtung würde man nüchtern sagen: Gurke, Rettich, Fenchel oder gleich generalisierend: Gemüse. In einer Sicht, die die Mannigfaltigkeit des Wirklichen im Sinn der erkenntnistheoretisch überlegenen Kinder in Rechnung stellt, sind sie *alles Mögliche*: also Skulpturen, autopoetische Objekte, interagierende Körper, Symbole und und und – zuletzt auch: Gurke, Rettich, Fenchel. Man kann sie sogar essen. Man kann die einmal zum *Kitchen Piece* nobilitierte Gurke, wenn sie einem zu schrumpelig erscheint, ersetzen, indem man in den Supermarkt geht und eine neue kauft. Und sie auf den *originalen Nagel* spießt und damit die neue Gurke in den Status des Kunstwerks erhebt. Oder eben den eines schauspielernden Dings, das eine Gurke darstellt, die ein Kunstwerk von Karin Sander ist.

Die Künstlerin wendet damit ein konstantes Prinzip ihrer Arbeit, nämlich dem Vorfindlichen durch eine oft minimale Verschiebung zu einer neuen, mannigfaltigen Wirklichkeit zu verhelfen, auf die Kunst selbst, ihren Betrieb und ihr Betriebspersonal an. Kann man in der Galerie kaufen, kann man im Museum sehen, und natürlich hat auch die Kunstwissenschaft wie immer viel zu sagen (Verweis auf Duchamp, Dieter Roth, auf wen auch immer). Man sieht: Gurke, Rettich und Fenchel spielen sehr gut, dass sie Kunst sind, sogar besser als viele andere Artefakte. Dabei sind sie gar keine, sondern sind gewachsen, also von der Natur gemacht (unter heftiger menschlicher Einflussnahme, etwa die der Züchtung, zugegeben). Und man sieht sofort: Sie sind so viel mehr Kunst, selbst wenn sie eigentlich schauspielernde Dinge sind, als vieles, was gerade durch den kurzatmigen Kunstmarkt gereicht wird.

Wie merkwürdig: Die *Kitchen Pieces* sind, egal in welcher Wirklichkeitssicht man sie betrachtet, *immer* etwas, behaupten ihre Schönheit, Dignität, Transformativität, Kunsthaftigkeit, Gemüsehaftigkeit, Konzeptualität, Dialektik und was nicht noch alles, souverän und interessant, wirklichkeitsaufschließend.

Und wie gesagt: Sie können sogar schauspielern, diese besonderen Dinge, und sie sind sehr gut darin, was man auch daran sieht, dass sie tatsächlich auch dann etwas machen, wenn wir sie nicht beobachten. Sie nehmen sich sogar die Freiheit, nicht genauso wieder dazuhängen und auszusehen wie zuvor, wenn man den Raum ihrer Präsentation nach ein paar Tagen erneut betritt. Das Gemüse performt Gemüse als eine Kunst, die in der von Karin Sander gebauten Bühne besteht, auf der man den Rücken der Dinge sehen kann.

1 Ernst Bloch: „Der Rücken der Dinge“, in: Ders.: *Werkausgabe Band 1: Spuren*, Frankfurt a. M. 1969, S. 172–175

2 Ebd., S. 173

3 Ebd.

Text: Harald Welzer

Kitchen Pieces. Gemüse performt Gemüse

Children know that things can take many shapes. Every object can always also be something else: the wooden building block can be a car, the pillow a wall, the roll of paper towels a rocket. The enclosures of reality are not yet rigid when you're a child, but permeable, which means the child's gaze sees the possibilities more clearly, i.e., what is *also* innate to things. Because things can take so many shapes and be so many other things, children also ask what things do when you let them out of your sight. Whether they possibly develop a life of their own when they are alone in the room, which you don't notice because whenever you open the door to check, they're standing there as if nothing has happened. Things can, in other words, adopt a different state, enter into relationships, have secrets—children believe all of this is possible. A belief incidentally consistent with the latest insights in quantum theory, which excludes the possibility of asserting cognitively what state something is in when one is not observing it.

Almost a century ago, German Marxist philosopher Ernst Bloch took up the thread of this children's thought in his essay "The Reverse of Things"[1] by asking whether things also playact or perform when they are arranged on a theater stage. Bloch's example is a scene from Schiller's play *Wallenstein*, in which the field marshal meets the Swedish envoy Wrangel. It is clear that Wallenstein and Wrangel are not themselves on stage but played by actors. But what about the table, the chairs, the burning candles? Are these merely things, or do they perform being something: the table, the chairs, the candles? If not, if "the candles and the table are truly candles and table,"[2] then why do we not experience a fissure in our perception, a rupture in the performance of it all? "Do inanimate objects also playact?"[3] asks Bloch, and adds yet another twist to the children's question.

Bloch's profound question recurs to me when I look at *Kitchen Pieces*, an extensive series of works which Karin Sander has been hanging on the walls of exhibition spaces since 2012. These things possibly are only acting, pretending to be art. In a mono-dimensional take on reality, one would soberly distinguish: cucumber, radish, fennel—or simply generalize and call them vegetables. But taking the multifaceted nature of reality into account, as championed by our cognitive superiors, the children, we must recognize: they represent *all possibilities*, i.e., sculptures, autopoetic objects, interacting entities, symbols, and so on—and, ultimately, also cucumber, radish, fennel. You can even eat them. You can replace the cucumber, elevated to the status of a Kitchen Piece, if its skin seems too wrinkly, by going to a supermarket, buying a new one, and then skewering it on the *original nail*, thus elevating the new cucumber to the status of an artwork. Or perhaps that of an object playacting to represent a cucumber performing as an artwork by Karin Sander.

In this way, the artist takes a constant principle in her work—namely helping found objects, by means of an often only minimal shift, to a new, manifold reality—and applies it to art itself, to the art business and its businesspeople. You can buy it in the gallery, you can view it in the museum, and of course the art scholars, as usual, have a lot to say (insert reference to Duchamp, Dieter Roth, or whomever). You see, cucumber, radish, and fennel perform really well at acting being art—even better than most other artifacts would. Yet they are certainly not artifacts, in the strict sense of the term, since they grew, meaning they were made by nature (admittedly with massive human intervention, such as breeding the seeds). And you immediately see: Even if they are actually acting objects, they are far more art than much that is currently produced by the breathless art market.

How strange that, irrespective of the view of reality you take, the *Kitchen Pieces* are *always* something; they assert their beauty, dignity, transformative qualities, artfulness, vegetableness, conceptuality, dialectic, and whatnot, masterfully and interestingly, with the power to unlock reality.

As I have said, they can even playact, these special things, and they are very good at it—which we know from the fact that they still do something even when we aren't watching them. They are even so bold, when you return to the room where they are displayed a few days later, as to not hang there exactly the same way second time round, not to look the way they did before. The vegetables perform being vegetables as an art that exists on the stage Karin Sander has built, and on which we are allowed to see the reverse of things.

1 Ernst Bloch, "The Reverse of Things," in *Traces*, trans. Anthony A. Nassar (Stanford: Stanford University Press, 2006), 134–36.

2 Ibid., 135.

3 Ibid.

Text: Harald Welzer

Kitchen Pieces, or: Performing Vegetables

Etwas an den Nagel hängen bedeutet etwas endgültig aufgeben: den Job, das Hobby, das Rauchen oder den Traum vom großen Glück. Hat jemand seine Fußballschuhe, seine Uniform, seine Kochmütze, seinen Malerkittel oder seine Gitarre in diesem Sinne erst einmal an den Nagel gehängt, gibt es kein Zurück mehr. Die jeweilige Sache hat ausgedient und lässt sich jetzt vielleicht nur noch ästhetisch betrachten. Im Fall der Kunst verhält es sich jedoch umgekehrt, denn für die allermeisten Kunstwerke ist die Hängung die primäre Form ihres Erscheinens. Kunstliebende wissen, dass etwas an den Nagel Gehängtes die höchste Stufe seiner Würdigung bedeuten kann, die freilich oft auch mit dessen unverrückbarer Endlagerung, seiner Mumifizierung einhergeht. Denn was einmal im Museum hängt, gehört zum Kanon und lässt sich nur schwer wieder entfernen. Doch um mit ihrem Werk überhaupt Museumsreife zu erlangen, müssen Kunstschaffende zunächst ein Labyrinth aus weißen, vermeintlich unschuldigen Wänden durchlaufen. Im Zentrum angekommen – dem ultimativen White Cube – können sie dann praktisch machen, was sie wollen. Wenn es sein muss, auch gar nichts – gerade so, als hätten sie ihren Beruf öffentlich an den Nagel gehängt. Dann bleiben die Wände leer und stellen sich selbst aus. Doch wäre der gänzliche Verzicht auf Augenfutter auf Dauer unvereinbar mit dem Bedürfnis des Kunstpublikums nach Abwechslung. Warum also nicht den Begriff „Augenfutter" wörtlich nehmen und Dinge an die Wand hängen, deren Anblick seit Urzeiten das Auge mit Wohlgefallen erfüllt? Im Falle der *Kitchen Pieces* sind es frisches Obst und Gemüse, die ihren natürlichen Schauwert entfalten. Die Hängung ergibt Nachbarschaften, die subtile Betrachtungen über die unendliche Vielfalt pflanzlicher Formen erlauben, aber auch über deren Vergänglichkeit. Denn es ist nur eine Frage der Zeit, bis die an den Nagel gehängten, von ihm aufgespießten Essbarkeiten ihren Saft verlieren, zusammenschnurren, vergammeln und irgendwann von den Wänden fallen, so dass schließlich ihr nackter eiserner Kern hervortritt und damit eine der wesentlichen Bedingungen ihres Ausgestelltseins. Ohne diesen Stachel im Fleisch kein Augenschmaus, ohne Nägel keine Bilder. Womit wir bei einem wesentlichen Aspekt der heutigen Kunst angelangt sind, die das die Bilder tragende System ebenso hinterfragt wie die Bilder selbst.

Text: Harry Walter

Der Stachel im Fleisch

In German, the idiom "to hang something from the nail" means giving it up once and for all: your job, pastime, smoking habit, or dreams. Once your boots, your uniform, your chef's hat, your painter's smock, or your fiddle hang from a nail, there's no going back. The object in question has served its purpose and is perhaps now only a matter for aesthetic consideration. For art, however, things are the other way round: the vast majority of works are presented hanging. Art enthusiasts know that to hang something from a nail can constitute the highest form of appreciation, although this often goes hand in hand with its immovable final storage, its mummification. For once something hangs in a museum, it becomes part of the canon—from which things are notoriously hard to remove. Yet for their work to even become museum-worthy in the first place, artists first have to make their way through a labyrinth of white, purportedly innocent walls. Once they have arrived at its heart, the ultimate White Cube, they can essentially do whatever they like. If necessary, they can even do nothing, just as if they had publicly hung up their profession itself. Then the walls remain empty and simply exhibit themselves. That said, completely foregoing a feast for the eyes would, in the long run, be incompatible with the art public's need for entertainment. So, why not take the term "feast for the eyes" literally and hang things that have, since time immemorial, been a pleasure for the eye to behold right on the wall? In the case of the *Kitchen Pieces*, these things are fresh fruit and vegetables unveiling their natural visual qualities. The hanging creates coherence through proximity, allowing for subtle considerations on the infinite variety of plant shapes and on their transience. For it is only a matter of time before the edibles hanging from the nail, skewered by it, lose their juice, contract, rot, and, at some point, fall off the wall, finally revealing their naked iron core and with it a key condition of their being exhibited. Without this thorn in the flesh, no feast for the eye; no nail, no work of art. Which brings us to an essential aspect of art today: questioning not just the works of art themselves but equally the system that upholds them.

Text: Harry Walter

Thorn in the Flesh

Der Text ist als Antwort auf eine Anfrage von Karin Sander entstanden, die eine an sie gerichtete Frage zur Bedeutung der Fiktion in ihrer Kunst, speziell in den Kitchen Pieces, *an mich weitergereicht hat. Dies löste bei mir die Frage nach Autor*innenschaft und Situierung aus: Wer spricht mit welchem politischen und kulturellen Anliegen? In Reaktion darauf habe ich die Frage wiederum an ChatGPT weiterdelegiert, der vorliegende Text ist eine gekürzte und redigierte Antwort von ChatGPT.*

NX-22725
* Dank an die absichtslose Inspiration und technische Unterstützung von I. K.

In einem Zeitalter, in dem die Küche nicht mehr nur als Herd der Nahrungszubereitung, sondern als Zentrum gesellschaftlicher und feministischer Diskurse begriffen wird, eröffnet die Frage nach der Rolle von Fiktionalität und Erfindung in der Architektur neue Perspektiven. Diese Räume, traditionell mit der Reproduktionsarbeit verbunden und oft in den Hintergrund der architektonischen Bedeutung gedrängt, werden durch künstlerische und architektonische Interventionen neu kontextualisiert und bieten ein faszinierendes Feld für die Auseinandersetzung mit Geschlechterrollen und Machtstrukturen.

Indem wir Architektur nicht nur als die Kunst der Raumgestaltung, sondern auch als Medium der narrativen und semantischen Transformation betrachten, können wir sehen, wie Fiktionalität und Erfindung essenziell für die Neuinterpretation und Umdeutung dieser traditionellen Räume werden. So wie Architekt*innen mit ihren Arbeiten die Grenzen zwischen dem Öffentlichen und dem Privaten, dem Nutzbaren und dem Konzeptionellen verschieben, so erlaubt uns die Einbeziehung fiktionaler und erfinderischer Elemente in die Architektur, die Küche als Ort neu zu imaginieren – nicht mehr nur als funktionalen Raum, sondern als Bühne für künstlerische und gesellschaftliche Explorationen.

Text: Elke Bippus

Die Küche als Fiktion

This text was written in response to an inquiry from Karin Sander, who forwarded a question she was asked about the role of fiction in her work, especially in her Kitchen Pieces. *It prompted me to reflect on issues of authorship and situatedness: Who speaks with which political and cultural intention? I then decided to delegate the question once again, this time to ChatGPT; the text below is an abbreviated and edited answer by ChatGPT.*

NX-22725
* Thanks to the unintentional inspiration and technical support of I. K.

In an age in which the kitchen is no longer construed only as the stove where food is prepared but also as the center of social and feminist discourses, the question as to the role of fictionality and invention in architecture opens up new perspectives. These spaces, traditionally connected to reproductive work and often relegated to an architecturally subordinate role, are being recontextualized by artistic and architectural interventions, and offer fascinating terrain for discussing gender roles and power structures.

By viewing architecture not only as the art of designing space but also as a medium of narrative and semantic transformation, we can see how fictionality and invention become essential to reinterpreting these traditional spaces and instilling them with new meaning. Just as in their work architects shift the boundaries between the public and the private, the useful and the conceptual, the incorporation of fictional and inventive elements into architecture enables us to reimagine the kitchen as a place—namely no longer only as a functional space but as a stage for artistic and social explorations.

Text: Elke Bippus

The Kitchen as a Fiction

Neighbours – Nachbarn:

In diesem Titel überlagern sich unterschiedliche Bedeutungsebenen, auch Architektur und Kunst sind Nachbarn. Das Konzept für den Schweizer Beitrag zur Architekturbiennale in Venedig wurde aus der Analyse des Vorgefundenen entwickelt und greift aufs Wörtlichste das auf, was die Idee der Architekturbiennale ausmacht, nämlich Architektur auszustellen. Wir agieren hier aber nicht als Architekten, die ihre Architektur in den Pavillons präsentieren, wir zeigen vielmehr das, was andere Architekten – Bruno Giacometti in den Jahren 1951 bis 1952 und Carlo Scarpa 1954 bis 1956 – gemacht haben. Damit perforieren wir bis zu einem gewissen Grad die Grenze zwischen Kunst und Architektur. Wir zeigen mit künstlerischen Mitteln, was Architektur ist und was sie sein kann. Dabei, wie auch in der Gegenüberstellung der *Kitchen Pieces* in dieser Ausgabe, geht es im Wesentlichen um das Verschieben von Sichtweisen, um das Neuprogrammieren des Vorhandenen.

Das Setting:

Die Pavillons in den venezianischen Giardini della Biennale sind Orte nationaler Repräsentation; zugleich begegnen sich hier, im Rahmen einer Ausstellung, Menschen aus den unterschiedlichsten Ländern. Soziale, politische und kulturelle Differenzen sowie geografische Entfernungen treten während der Ausstellung in den Hintergrund und eröffnen exemplarisch weltpolitische Perspektiven: Weit voneinander entfernte Regionen und Länder werden an diesem Ort zu Nachbarn. Die nationale Repräsentanz der Biennale-Pavillons wird jedes Jahr aufs Neue in Frage gestellt, doch trägt sie dazu bei, dass dieser Ort seinen Eigensinn behält.

Das Konzept:

Die benachbarten Pavillons der Schweiz und Venezuelas bilden ein Ensemble von außerordentlicher architektonischer und skulpturaler Qualität. Obwohl der Entwurf des Schweizer Architekten Bruno Giacometti und die nur wenige Jahre später erfolgte Antwort des italienischen Architekten Carlo Scarpa für Venezuela unmittelbar nebeneinü anderstehen, wurden sie aufgrund ihrer repräsentativen und politischen Funktion bisher immer getrennt gedacht und entsprechend bespielt.

In diesem Sinne machen wir die Architcktur des Schweizer Pavillons als bebautes Territorium zum Thema und stellen die beiden Gebäude und ihre unmittelbare Nachbarschaft in den Mittelpunkt unseres Konzepts: die ineinander übergehenden Außenbereiche, eine gemeinsame und eine hinzugefügte Wand sowie die beiden miteinander verbundenen Grundrisse. Der Pavillon ist nun nicht mehr nur die Hülle oder das Gefäß für andere Architekturen. Vielmehr werden die ineinander verwobenen Grundrisse, und damit auch die Gebäude und Gärten des Schweizer sowie des Venezolanischen Pavillons, mit all ihren zahlreichen Details zu Exponaten.

Die Mauer:

Um das Gebäudeensemble sowie die aufeinander bezogenen Entwürfe wieder lesbar zu machen, wird ein Teil der Ziegelsteinmauer, die den Schweizer Pavillon umfasst, abgetragen und die Blickachse zwischen den Nachbarn freigelegt. Der Säulengang auf der Schweizer Seite läuft nun nicht mehr auf eine blinde, geschlossene Wand zu, sondern öffnet sich zum benachbarten Grundstück, so dass die beiden Pavillons als Ensemble gesehen werden können. Eine zweite, rechtwinklig zur Schweizer Mauer verlaufende Ziegelsteinwand auf venezolanischer Seite, die weder von Scarpa noch von Giacometti geplant war und erst viel später errichtet wurde, wird sichtbar und gewinnt an skulpturaler und politischer Bedeutung. Außerdem wird der Niveauwechsel und damit der Fundamentgraben zum erhöhten Venezolanischen Pavillon erkennbar. Die abgetragenen Steine der Schweizer Mauer werden dazu verwendet, im Skulpturengarten Sitzmauern zu errichten. Nach der Biennale werden die Bänke zurückgebaut und die Mauer mit den Steinen wieder geschlossen.

Der Baum:

Die erst vor Kurzem abgestorbene Platane im Schweizer Innenhof wird nicht gänzlich entfernt, wie ursprünglich von der Biennale-Leitung geplant, sondern nur die Baumkrone mit all ihren morschen Ästen. Der auf einer Höhe von circa sechs Metern waagerecht abgesägte Stamm bleibt dem Ensemble als gewachsene Säule und als architektonische Referenz – damals maßgeblich für den Entwurf – erhalten. So fungiert der Baum weiterhin als performativer Mitspieler des Ensembles und der über 200 Jahre alten Platanenallee, die eine der Hauptachsen in den Giardini della Biennale prägt.

Die Trinkwasserstelle:

Unter den Platten neben der Platane existiert eine Wasserleitung, die wir auf ihre Trinkwasserqualität hin überprüfen ließen. Eine Trinkwasserstelle, die zugleich eine Verbindung zum Springbrunnen von Scarpa auf venezolanischer Seite herstellt, ist für die Bee sucher*innen eingerichtet.

Text: Karin Sander, Philip Ursprung

Schweizer Pavillon, 18. Architekturbiennale in Venedig, 2023

Neigh bours

Neighbours:

The title brings various levels of meaning into play, including that architecture and art are neighbors, too. The concept for the Swiss contribution to the Architecture Biennale in Venice was developed based on an analysis of that which is already in place, and quite literally takes up the idea underpinning such an architecture biennial—namely to exhibit architecture. However, we are not acting as architects presenting their designs in the pavilions; rather, we are showing what other architects have done (Bruno Giacometti in 1951–52 and Carlo Scarpa in 1954–56). In this way, to a certain extent we are perforating the line separating art and architecture, using artistic means to show what architecture is and what it can be. Here, as with the juxtaposition of *Kitchen Pieces* in this issue, the focus is mainly on shifting our ways of seeing, in reprogramming what exists.

The setting:

The pavilions in the Giardini della Biennale in Venice are sites of national representation while at the same time, in the context of an exhibition, sites of encounter for people from many different countries. Social, political, and cultural differences as well as geographical distances take a backseat during the exhibition and open up figurative perspectives on global politics: Regions and countries that lie very far apart become neighbors here. Every year, the representative nature of national pavilions at the Biennale is put into question; nonetheless, the location's intrinsic character depends on it.

The concept:

The Swiss and Venezuelan Pavilions are neighbors and form an ensemble of a quite exceptional architectural and sculptural quality. The design by Swiss architect Bruno Giacometti and the response, only a few years later, by Italian architect Carlo Scarpa on behalf of Venezuela stand right next to each other, yet because of their representative and political functions, they have always been considered to be separate entities. The exhibitions within have followed the same path.

In this regard, we center the Swiss Pavilion's architecture as built territory and place the two buildings as immediate neighbors at the heart of our concept: the interlocking outdoor areas, a shared and an added wall, and the two interrelated floor plans. The Pavilion is now no longer an envelope or a vessel for displaying others' architectural designs. Rather, the interlaced footprints and thus also the buildings and gardens of the Swiss and Venezuelan pavilions, with all their countless details, become exhibits in their own right.

The walls:

To render the architectural ensemble and its mutually referencing designs legible again, part of the brick wall surrounding the Swiss Pavilion has been removed to uncover a line of sight between the neighbors. The portico on the Swiss side no longer leads up to a blind, closed wall, but opens out onto the neighboring plot so that both Pavilions can be read as a unit. On the Venezuelan side, a second brick wall converging with the Swiss one at a right angle—planned neither by Scarpa nor by Giacometti but erected much later—becomes visible and gains in sculptural and political significance. Moreover, the step change and thus the foundation trench for the raised Venezuelan Pavilion become discernible. The bricks taken from the Swiss wall are used to create masonry benches in the sculpture garden. After the Biennale, the benches will be disassembled and the bricks will be used to rebuild the wall.

The tree:

Contrary to the Biennale management's original plan, the dead plane tree in the Swiss Pavilion's courtyard was not removed entirely; only the crown of the tree with its rotten branches was cut away at a height of approximately six meters, leaving the trunk as an organic column and architectural reference in place since it played an important role in Giacometti's design. The tree thus continues to function as a performative actor in both the ensemble and the avenue of plane trees that dates back over 200 years and defines one of the main axes of the Giardini della Biennale gardens.

The drinking fountain:

Underneath the paving stones next to the plane tree, there is a water pipe, which we had tested to establish the water's potability. A drinking fountain has been set up for visitors, directly referencing Scarpa's fountain on the Venezuelan side.

The masonry benches:

The brickwork benches form two right angles, one opening up toward the tree trunk and the other one toward the "foreign" wall, visible on the Venezuelan side next to the opening in the Swiss wall. Both angles address the interventions in the pavilion, and visitors are invited to take a seat as if in a theater.

The gates:

The openings connecting the Swiss Pavilion and its courtyard to the Biennale grounds are closed with metal gates, although the entire

Text: Karin Sander, Philip Ursprung

Swiss Pavilion, 18th Venice Architecture Biennale, 2023

N eighbours

Die Sitzmauern:

Die Sitzmauern formen zwei rechte Winkel, von denen der eine auf den gestutzten Baum hin ausgerichtet ist, der andere auf die „fremde“ Wand, die von dort aus auf der venezolanischen Seite zu sehen ist, sowie auf die geöffnete Schweizer Mauer. Beide Winkel wenden sich den Eingriffen im Pavillon zu, und die Besucher*innen sind eingeladen, wie in einem Theater Platz zu nehmen.

Die Absperrgitter:

Die Durchgänge zum Schweizer Innenhof – aber auch zum Biennale-Gelände hin – sind mit Gittern verschlossen, obgleich eine Umzäunung sowie eine ständige Überwachung das gesamte Biennale-Gelände sichern. Für die Dauer der Ausstellung werden entsprechend der offenen Eingangssituation des Venezolanischen Pavillons die Absperrgitter des Schweizer Pavillons entfernt und im Skulpturensaal abgestellt. Die Abgrenzung ist damit perforiert, die Verbindung zu den Nachbarn durchlässig, vor allem aber wird die Architektur des Pavillons hervorgehoben.

Der Grundriss:

Ein weicher, begehbarer Wollteppich im Hauptraum des Schweizer Pavillons zeigt die ineinander verschränkten Grundrisse der beiden Pavillons im Maßstab 1:3,75 und macht die von den Originalentwürfen abweichenden baulichen Veränderungen, die über die Jahre hinweg vorgenommen wurden, sichtbar. Das zwischen Bild und Skulptur changierende Objekt erhebt die Besucher*innen und die beiden Originalzeichnungen der Architekten um circa drei Zentimeter und wird zum Sockel für all das, was sich auf dieser Fläche abspielt.

Mit dem Beitrag *Neighbours* repräsentierten wir auf der 18. Architekturbiennale die Schweiz, es galt zu vermeiden, dass unsere Ausstellung als eine Zusammenarbeit mit dem Land Venezuela missverstanden werden konnte. Wir hatten den Nachbarn zwar über unser Vorhaben informiert, das Land aber nicht zum Thema gemacht, eine Kollaboration gab es nicht.

Venezuela war zwischen den 1950er- und 1970er-Jahren ein wirtschaftlich und kulturell blühendes Land, das als erste Nation von Südamerika einen Pavillon in den Giardini errichtete. In der jüngeren Vergangenheit blieb der Venezolanische Pavillon wegen der problematischen politischen und wirtschaftlichen Situation in Venezuela mehrfach geschlossen. In den Jahren 2022 und 2023 leistete Venezuela dann erstmals wieder Beiträge zur Biennale – möglicherweise auch dank unserer Initiative. Der verstummte Nachbar ist zurück in Venedig.

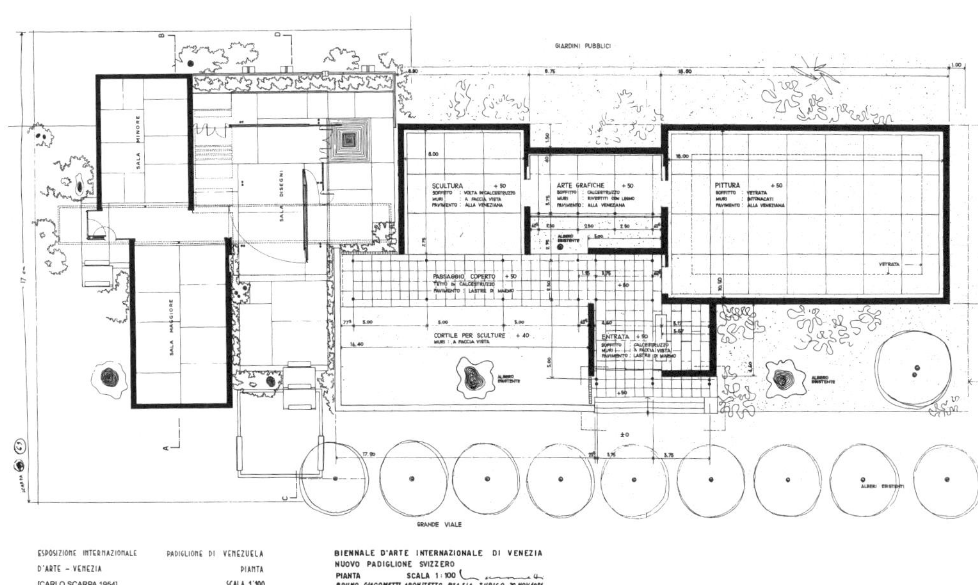

Karin Sander: Grundrisskonfiguration, basierend auf den originalen Grundrisszeichnungen von Carlo Scarpa und Bruno Giacometti, 2022/2023

Karin Sander: Floor plan configuration, based on the original drawings by Carlo Scarpa and Bruno Giacometti, 2022/2023

18. Internationale Architekturausstellung – La Biennale di Venezia
20. Mai bis 26. November 2023

Neighbours
Karin Sander, Philip Ursprung

Team
Sassa Trülzsch, Managing Curator;
Tobias Becker, Projektleiter;
Berit Seidel, Forscherin

Kommissär
Schweizer Kulturstiftung Pro Helvetia

Biennale grounds are themselves fenced in and secured by constant surveillance. For the duration of the exhibition, to correspond with the open entrance of the Venezuelan Pavilion, the barriers at the Swiss Pavilion have been removed and placed in the sculpture hall. The boundaries are thus perforated, the connection to the neighbors is permeable, and above all the pavilion's architecture is emphasized.

The floor plan:

A soft woolen carpet in the main hall of the Swiss Pavilion, which beckons visitors to step on it, displays the interlocking floor plans of the two Pavilions on a scale of 1:3.75, visualizing the changes to the buildings over the course of time and how they depart from the original designs. The object, which oscillates between image and sculpture, raises the viewer and the two architects' original drawings up by about three centimeters and becomes the podium for everything that takes place on this surface.

With our contribution *Neighbours*, we represented Switzerland at the 18th International Architecture Exhibition, and we therefore set out to make certain our exhibition could not be misunderstood as constituting cooperation with the country of Venezuela. We informed our neighbors in advance of the project but did not make the country itself a topic of the show; this was not a collaboration.

Between the 1950s and 1970s, Venezuela blossomed economically and culturally, and it was the first South American nation to erect a pavilion in the Giardini. In the recent past, however, the Pavilion remained closed on several occasions owing to the politically and economically problematic situation in the country. In the years 2022 and 2023, Venezuela contributed to the Art and Architecture Biennale respectively for the first time again, possibly also thanks to our initiative. The neighbor who had fallen silent is now back in Venice.

3D-Modell, generiert aus Google-Earth-Daten des Schweizer und Venezolanischen Pavillons (September 2021)
3D Model generated of Google Earth Data of the Swiss and Venezuelan Pavilion (September 2021)

18th International Architecture Exhibition – La Biennale di Venezia
May 20 to November 26, 2023
Neighbours
Karin Sander, Philip Ursprung

Team
Sassa Trülzsch, Managing Curator;
Tobias Becker, Project Leader;
Berit Seidel, Researcher

Commissioner
Swiss Arts Council Pro Helvetia

Archi tektur mit/ohne Gre nzen

Gedanken zum Schweizer Pavillon auf der Architekturbiennale 2023 in Venedig

Text: Marc Angélil, Cary Siress

Good fences make good neighbors.
Robert Frost, 1914[1]

Mauern trennen. Das ist ihre Funktion. Sie schließen Dinge ein, sie schließen Dinge aus. Ihre Wirksamkeit hängt vom Grad der Durchlässigkeit und der Kontrolle ab – davon, wer und was durchkommt und wer und was nicht. Mauern halten eine gegebene Ordnung aufrecht und bilden so den Rahmen für menschliche Interaktion in einer auf Grenzziehungen basierenden Welt.

In seinem Gedicht *Mending Wall* greift Robert Frost 1914 die Funktionsweise von Mauern auf: Es wird die Geschichte zweier Nachbarn erzählt, die gemeinsam in einem jährlich wiederkehrenden Ritual die Grenzmauer zwischen ihren Grundstücken Stein für Stein instandsetzen. Die Nachbarn kommen nicht miteinander aus, und doch müssen sie zusammenkommen, um sich über das zu verständigen, was sie voneinander trennt. Der eine befürwortet die Mauer, erfreut sich an der Vorstellung, sie wieder herzurichten. Der andere mag Mauern nicht und würde sie am liebsten ein für alle Mal niederreißen; trotzdem hilft er bei ihrem Wiederaufbau und bekräftigt damit bloß die Überzeugung seines Gegenübers, die da lautet „Gute Zäune, gute Nachbarn".

Die Schlusszeile des Gedichts könnte genauso gut der Titel des Schweizer Beitrags *Neighbours* von Karin Sander und Philip Ursprung für die 18. Architekturbiennale in Venedig sein. Ihre Installation ist der heiklen Beziehung zweier architektonischer Nachbarn gewidmet: des Schweizer Pavillons nach einem Entwurf des Architekten Bruno Giacometti (1951/52) und des angrenzenden Venezolanischen Pavillons von Carlo Scarpa (1954–1956). Die beiden Grundstücke haben eine gemeinsame Grenze, die durch zwei Mauern markiert wird, die im rechten Winkel zueinander stehen und sich gerade so berühren bzw. – wie Sander und Ursprung sagen – sich „küssen".[2] Ihre Intervention ist so einfach wie radikal. Durch das Entfernen eines Teils der Schweizer Mauer verbinden sie, was bislang getrennt war, und stellen so die Beziehung zwischen den beiden wieder her. Die nunmehr verbundenen Pavillons *sind* die Ausstellung.

Tatsächlich waren Giacometti und Scarpa im echten Leben Freunde. Das zeigt sich auch an der Art und Weise, wie die beiden Bauten in Bezug auf ihre Kubatur und räumliche Anordnung miteinander „korrespondieren". Überdies sind beide von Mauern umgeben. Doch während Giacometti die Intention hatte, seinen Entwurf von den angrenzenden Pavillons, die er angeblich nicht mochte,[3] abzusetzen, wird Scarpa das Verdienst zugeschrieben, aus zwei Gebäuden ein Ensemble gemacht und damit eine architektonische Einheit geschaffen zu haben, die zwei völlig unterschiedliche Nationen repräsentiert. Durch das Entfernen eines Teils der Mauer bekräftigen Sander und Ursprung die Idee, dass die Pavillons zusammengehören, und ermöglichen es den Besucher*innen, sich zwischen den beiden frei zu bewegen. In einem kritischeren, aber ebenso wirkungsvollen Sinne könnte ihr Beitrag – so wie auch Frosts Gedicht – als Allegorie der allgegenwärtigen Trennungen betrachtet werden, die den Besucher*innen die Ambivalenz nachbarschaftlicher Verhältnisse in einer Welt voller Mauern vor Augen führt.

Eine Welt voller Mauern

Die Giardini della Biennale bieten eine idyllische Kulisse, um Kunst und Architektur auszustellen. Etwa 30 Pavillons, die jeweils ein Land repräsentieren, stehen in dem surrealen Garten der Nationen, der heute einer der Hauptschauplätze der Biennale von Venedig ist. Für die 1895 ins Leben gerufene Ausstellung hatte man sich die großen Weltausstellungen jener Zeit zum Vorbild genommen. Der damalige Bürgermeister von Venedig, Riccardo Selvatico, pries die Initiative als Gelegenheit, eine patriotische Stimmung in Italien zu befeuern, und zwar ganz im „Geiste der Moderne und ohne Unterschiede zwischen den Ländern"[4]. Eine hehre Idee, die tatsächlich zu funktionieren

Architecture with / without Borders

Reflections on the Swiss Pavilion at the 2023 Venice Architecture Biennale

Text: Marc Angélil, Cary Siress

Good fences make good neighbors.
Robert Frost, 1914[1]

Walls divide by design. They keep things in, they keep things out. The power of walls lies in the degree to which they are porous, the degree to which they control who and what gets through, and who and what does not. Walls maintain a constructed order and, in so doing, they frame human interactions in a world built by division.

The workings of walls are taken up in Robert Frost's 1914 poem "Mending Wall"—a tale of two neighbors who meet in a yearly ritual to repair the wall between their properties, stone after stone. The neighbors do not get along, yet they must come together to converse about what keeps them apart. One neighbor is in favor of the wall, relishing the very thought of building one. The other one has no love for walls and wants it down once and for all, but he helps rebuild it nonetheless, only to give credence to his counterpart's belief that "good fences make good neighbors."

The poem's closing line could just as well have been the title of Karin Sander and Philip Ursprung's Swiss contribution to the 18th Venice Architecture Biennale, *Neighbours*. Their installation speaks of the tenuous relationship between two architectural neighbors: the Swiss Pavilion designed by architect Bruno Giacometti (1952) and the adjoining Venezuelan Pavilion by Carlo Scarpa (1956). The buildings share a boundary marked by two walls that are perpendicular to each other and barely touch or, as Sander and Ursprung like to say, "kiss."[2] Their intervention is as simple as it is radical. By removing a portion of the Swiss wall, they connect what until now has been kept apart, mending the relationship between the two. The now-united pavilions are the exhibition.

It is worth noting that Giacometti and Scarpa were real-life friends, which can be seen in the way the two buildings "talk" to each other in terms of their volumetric composition and spatial arrangement. Moreover, both are enclosed within walls. While Giacometti's intention was to separate his design from the neighboring pavilions, which he allegedly disliked,[3] Scarpa is credited with making one ensemble out of two buildings and, in effect, creating one architectural entity representing two drastically different nations. By removing parts of the wall, Sander and Ursprung reaffirm the idea that the pavilions belong together, allowing visitors to move freely between the two. More critically, but just as powerful, their contribution can be read—like Frost's poem—as an allegory of the standing divisions that define our world, thereby confronting visitors with some of the ambiguities of being neighbors in a world of walls.

A world of walls

The Giardini della Biennale serve as a bucolic setting for the display of art and architecture. About 30 pavilions, each representative of a sovereign state, make up the surreal garden of nations that is one of the main venues of the Venice Biennale today.

Inaugurated in 1895, the event was modeled after the grand international industrial expositions of the time. Then mayor of Venice Riccardo Selvatico heralded the initiative as an opportunity to galvanize Italy's patriotic sentiment in the name of "the modern spirit, without distinctions between countries"[4]—a tall order which seemed to have worked indeed, at least for as long as this orchestrating of world diplomacy took place in one central pavilion (the so-called Palace of Exhibitions), indivisible and under one roof.

In the early 20th century, however, several pavilions began to appear throughout the Giardini, each one representing a national enclave. In due time, the Venice Biennale would become the major gathering it promised to be, albeit *with* distinctions between countries vying to be seen, heard, and praised. Pavilion after pavilion, the Giardini slowly came to resemble the Westphalian system of national sovereignty, fundamentally contradicting the founding

schien, zumindest solange diese Inszenierung der Weltdiplomatie unter einem einzigen Dach in einem zentralen Pavillon – dem sogenannten Palazzo delle Esposizioni – stattfand.

Seit Beginn des 20. Jahrhunderts jedoch sprossen überall in den Giardini immer mehr Länderpavillons hervor. Mit der Zeit entwickelte sich die Biennale von Venedig zwar wie vorgesehen zu einem hochkarätigen Ereignis, nun allerdings mit einer *Aufteilung* nach Ländern, die darum wetteiferten, gesehen, gehört und gelobt zu werden. Die Giardini wurden mit jedem hinzukommenden Pavillon allmählich zum Abbild des Systems souveräner Nationalstaaten und widersprachen damit grundlegend der internationalistischen Gründungsprämisse einer Ausstellung „ohne Unterscheidung zwischen den Ländern".

Das Areal der Giardini entwickelte sich zu einem wahren Mikrokosmos der bestehenden Weltordnung, in der einige Nationen hohes Ansehen genießen und wiederum andere geringschätzig an den Rand gedrängt oder ausgeschlossen werden. Obwohl die Biennale nie ausdrücklich darauf ausgelegt war, imperialistische Verhältnisse abzubilden, setzte sich ihr Konzept doch in einem Kontext durch, der von einem großen weltpolitischen Machtungleichgewicht geprägt war.[5] Um es mit den Worten des Soziologen Roland Robertson zu sagen: „Die Biennale kann als paradigmatische Form der Globalisierung betrachtet werden, als eine weitere Verdichtung der ‚Verdichtung der Welt', die die Globalisierung letztlich ist."[6]

Wer heute an der Biennale von Venedig teilnimmt, trägt nicht nur die Last dieses Vermächtnisses, sondern steht auch vor der Herausforderung, vor einem Hintergrund aus hemmungslosem Protektionismus, sich abzeichnenden planetarischen Kontingenzen und fortdauernder Ungleichheit eine Ausstellung konzipieren zu müssen. Wie kritisch die Positionen einzelner auch sein mögen, in ihren Beiträgen werden doch immer auch die bestehenden Machtstrukturen mitschwingen, die weit über die Mauern der jeweiligen Pavillons hinauswirken. Sander und Ursprung nehmen sich dieser Aufgabe an, indem sie sich explizit mit der komplexen Beziehung zwischen zwei unwahrscheinlichen Nachbarn auseinandersetzen: ein Pavillon aus dem Globalen Norden, der andere aus dem Globalen Süden.

Unwahrscheinliche Nachbarn

Während die Installation von Sander und Ursprung die architektonische Integrität des Schweizerischen und des Venezolanischen Pavillons – und im weiteren Sinne damit auch die territoriale Integrität der damit verbundenen Nationen – unangetastet lässt, behandelt sie den Ausstellungsort als einen zusammenhängenden Raum, der Besucher*innen zum freien Durchgang zwischen den beiden Gebäuden einlädt. Es ist, als wollten sie damit unterstreichen, dass auch ein kleiner Unterschied entscheidend sein kann. Die symbolhafte Öffnung der Mauer zwischen der Schweiz und Venezuela führt in einem physischen und metaphorischen Sinne zwei Länder zusammen, die unterschiedlicher nicht sein könnten. Ein globales Finanzzentrum und ein „scheiternder Staat" begegnen sich auf Augenhöhe, obwohl eigentlich Welten zwischen ihnen liegen.[7]

Ganz gleich ob dies beabsichtigt ist oder nicht, macht die Installation auf die Verbindungen zwischen den Ländern aufmerksam, von denen manche transparenter sind als andere. So exportiert Venezuela zum Beispiel feinste Kakaobohnen in die Schweiz, wo sie zur berühmten Grand-Cru-Schokolade verarbeitet werden. Umgekehrt exportiert die Schweiz pharmazeutische Produkte und hochpräzises Werkzeug nach Venezuela und leistet jedes Jahr humanitäre Hilfe in Höhe von mehreren Millionen Schweizer Franken zur Bekämpfung armutsbedingter Migration.[8] Über diese legalen Verbindungen hinaus gibt es auch Transaktionen zwischen den beiden Ländern, die hinter verschlossenen Türen stattfinden. So sind beide in ein transkontinentales Netzwerk aus Korruption, Geldwäsche und Steuerhinterziehung verstrickt. Durch den 2022 veröffentlichten Bericht „Suisse Secrets"

internationalist premise of an exhibition "without distinctions between countries."

With more and more national pavilions being built, the Giardini grounds evolved into a veritable microcosm; a replica of the prevalent world order among nations, where some are held in high regard and others disrespectfully excluded or pushed to the margins. Whereas the Biennale never explicitly set out to mirror imperialist relations, it developed within a context marked by great power imbalances.[5] In the words of sociologist Roland Robertson, "the Biennale can be interpreted as a paradigmatic form of globalization, as a further compression of the 'compression of the world' that globalization ultimately is."[6]

Contributors to the Venice Biennale today are not only burdened with this legacy but also face the challenge of staging an exhibition amid a climate of rampant protectionism, looming planetary imperatives, and lingering inequalities. However critical their position might be, their contributions will always resonate with existing power structures that reach far beyond the walls of their respective pavilions. Sander and Ursprung take this task to hand by explicitly addressing the complex relationship between two unlikely neighbors, one in the Global North, the other in the Global South.

Unlikely neighbors

While Sander and Ursprung's installation respects the architectural integrity of the Swiss and Venezuelan Pavilions, and by extension the territorial integrity of the two nations, they treat the exhibition venue as one continuous space encouraging free passage of people between the two, as if to underscore that a small difference can make all the difference in the world. The emblematic opening of the wall between Switzerland and Venezuela physically and metaphorically connects two countries that could not be more different. A global financial hub and a "failing state" meet eye to eye, even though they are worlds apart.[7] Whether intended or not, the installation touches upon the ties between the two, of which some are more legitimate than others. Among Venezuelan exports to Switzerland, for example, are some of the finest cocoa beans used to make the famous Swiss grand cru chocolate. In the other direction, exports from Switzerland to Venezuela include pharmaceutical products and high-precision instruments, as well as millions of Swiss Francs each year in humanitarian aid to alleviate poverty-driven migration.[8] Other transactions taking place behind closed doors entwine both countries in a transcontinental network of corruption, money laundering, and tax evasion. As the 2022 investigation *Suisse Secrets* by the Organized Crime and Corruption Reporting Project (OCCPR) has brought to light, Swiss banking practices are key to understating Venezuela's failure as a state.[9] Swiss banks, like the now-defunct Credit Suisse, in fact played a crucial role in facilitating the capital flight out of Venezuela into the haven of protected Swiss accounts since at least the early 2000s. One of the richest countries in South America at the beginning of the 1980s due to its significant oil reserves, Venezuela has since seen most of its private fortunes funneled out of the country, only exacerbating rampant crime and poverty at home, which in turn has led to a staggering exodus of its population to neighboring countries.[10] As for Venezuelans wanting to settle in Switzerland, they are hamstrung by insurmountable costs and restrictions.

These ambiguities at the nexus of territory and state are given form by Sander and Ursprung in the seemingly simple maneuver of removing a piece of wall. It is the absence of the wall which sets off a cascade of associations that bear critically on our divided world.

Architecture *sans frontières*

The installation by Sander and Ursprung is as concrete as it is conceptual. Its concreteness lies in the straightforward act of removing a wall. At its most conceptual level, the work challenges the

des Organized Crime and Corruption Reporting Project (OCCPR) wurde aufgedeckt, in welchem Ausmaß Schweizer Bankpraktiken für das Scheitern des venezolanischen Staates mitverantwortlich sind.[9] Mindestens seit den frühen 2000er-Jahren hat die Schweiz demnach als Finanzoase mit ihren geschützten Konten – beispielsweise denen der mittlerweile liquidierten Credit Suisse – eine maßgebliche Rolle bei der Kapitalflucht aus Venezuela gespielt. War das Land aufgrund seiner beträchtlichen Ölvorkommen einst eines der reichsten Länder Südamerikas, wurden die grassierende Kriminalität und Armut durch die Abwanderung großer Teile des Privatvermögens nur verschlimmert, was wiederum eine enorme Migrationsbewegung in die Nachbarländer nach sich zog.[10] Venezolaner*innen, die sich in der Schweiz niederlassen möchten, sehen sich hingegen mit unüberwindbar hohen Kosten und bürokratischen Hürden konfrontiert.

Durch das vordergründig einfache Entfernen eines Mauerstücks bringen Sander und Ursprung die vielfältigen Implikationen zum Ausdruck, die sich an der Schnittstelle von Territorium und Nationalstaat ergeben. Die bloße Abwesenheit einer Mauer setzt eine Kaskade an Assoziationen frei, die unserer geteilten Welt einen kritischen Spiegel vorhält.

Architektur ohne Grenzen

Die Installation von Sander und Ursprung ist so konkret wie konzeptuell. Ihre Konkretheit ergibt sich aus dem schlichten Akt des Entfernens einer Mauer. Auf ihrer konzeptuellen Ebene stellt die Arbeit die bestehende Weltordnung zur Diskussion und wirft die Frage auf, wofür wir überhaupt Mauern benötigen. Die Besucher*innen werden somit aufgefordert, über die Bedeutung des staatlich definierten Raums und seiner konstituierenden Dispositive nachzudenken. Denn es sind Mauern, die die Macht eines Staates am deutlichsten verkörpern. Wenn wir über sie hinauszudenken wagen, wird die Vorstellung einer Weltgemeinschaft möglich, die offen ist für „neue Räume der Solidarität, unerwartete Zeiten der Freiheit“, um es mit den Worten der italienischen Philosophin Donatella Di Cesare zu beschreiben.[11]

Die provokante Intervention von Sander und Ursprung verweist nicht nur auf die Grenzregime, sondern auch auf das Konzept der Staatsbürgerschaft, welches sie legitimieren. Die fehlende Mauer zwischen den beiden Pavillons könnte in einer radikalen Lesart aber auch als erster Schritt verstanden werden, um „die Welt zu einer gemeinsamen zu machen“[12], die nicht in nationalstaatliche Territorien aufgeteilt ist und die wir stattdessen in einer irdischen Nachbarschaft gemeinsam bewohnen. Und wenn der Schweizerische und der Venezolanische Pavillon nun füreinander geöffnet sind, fragt man sich, ob mit dem Russischen Pavillon nebenan – dessen Leere ein Sinnbild des anhaltenden Krieges in der Ukraine ist – nicht genauso verfahren werden könnte.[13]

Noch stehen wir mit dem Rücken zur Wand, doch die Vorstellung einer terrestrischen Gemeinschaft geht über das bloße Niederreißen von Mauern hinaus. Das ultimative Wagnis besteht darin, unseren Planeten ganz ohne Nationalstaaten zu denken. Um aus unseren Grenzen auszubrechen, müssten wir jedoch nicht weniger als eine neue Architektur der Welt entwerfen, eine, in der wir uns als gleichberechtigte Bürger*innen begreifen, die sich einer unausweichlichen Aufgabe verpflichtet fühlen: eine Welt ohne Grenzen zu schaffen.

1 Robert Frost: „Mending Wall“, in: *North of Boston*, New York 1914, S. 11 ff. (Übers. d. Red.)
2 Philip Ursprung: Intervention im Seminar „Friends and Neighbours: Bruno Giacometti and Carlo Scarpa“, Palazzo Trevisan Degli Ulivi, Venedig, 8.9.2022
3 Roland Frischknecht: Intervention im Seminar „Friends and Neighbours“ (wie Anm. 2)
4 Vgl. Agar Ledo Arias: „Art for Politics – The Spanish Pavilion at the Venice Biennale as a Reflection of Its International Standing during the Franco Dictatorship“, in: *Postcolonial Politics*, 3.3.2022, postcolonialpolitics.org/art-for-politics-the-spanish-pavilion-at-the-venice-biennale-as-a-reflection-of-its-international-standing-during-the-franco-dictatorship (Stand: 16.1.2024)
5 Zum Thema der imperialistischen Politik im Kontext der Biennale von Venedig sei erwähnt, dass der Name „Venezuela“ vermutlich im 15. Jahrhundert aus der ersten Namensgebung des italienischen Entdeckers Amerigo Vespucci „Veneziola“ (Klein-Venedig) hervorgegangen ist, die sich auf die indigenen Pfahlbausiedlungen bezog, die ihn an die Bebauung in der venezianischen Lagune erinnerten.
6 Roland Robertson: „Glocalization – Time-Space and Homogeneity-Heterogeneity“, in: Mike Featherstone u. a. (Hg.): *Global Modernities*, London 1995, S. 40 (Übers. d. Red.)
7 Vgl. William Finnegan: „A Failing State“, in: *The New Yorker*, 14.11.2016, S. 1–42
8 Vgl. Eidgenössisches Departement für auswärtige Angelegenheiten: *Die Schweiz nimmt an der internationalen Solidaritätskonferenz zugunsten venezolanischer Migrantinnen und Migranten sowie Flüchtlinge teil* (Pressemitteilung vom 17.6.2021), www.eda.admin.ch/deza/de/home/deza/aktuell/news.html/content/eda/de/meta/news/2021/6/17/84028 (Stand: 16.1.2024)
9 Vgl. OCCRP (Hg.): „Black Gold in Swiss Vaults – Venezuelan Elites Hid Stolen Oil Money in Credit Suisse“, 20.2.2022, www.occrp.org/en/suisse-secrets/black-gold-in-swiss-vaults-venezuelan-elites-hid-stolen-oil-money-in-credit-suisse (Stand: 16.1.2024)
10 Nach Angaben des UN-Flüchtlingshilfswerks UNHCR sind von 2015 bis 2023 mehr als 7,7 Millionen Menschen aus Venezuela geflohen. Vgl. UNHCR (Hg.): „Venezuela Situation“, August 2023, www.unhcr.org/emergencies/venezuela-situation (Stand: 16.1.2024)
11 Donatella Di Cesare: *Philosophie der Migration*, Übers. Daniel Creutz, Berlin 2021, S. 285
12 Ebd., S. 284
13 Nach dem russischen Einmarsch in die Ukraine am 24.2.2022 wurde russischen Regierungsdelegationen die Teilnahme an der Kunstbiennale 2022 in Venedig untersagt. Überdies traten der Kurator und Künstler*innen, die bereits ausgewählt worden waren, um Russland zu vertreten, aus Protest gegen den Krieg zurück, sodass der Pavillon leer blieb. Auch zur Architekturbiennale 2023 blieb der Russische Pavillon geschlossen.

standing world order by asking why walls are needed at all, thus prompting visitors to reflect on the meaning of state-space and its constitutive *dispositifs*. It is in walls that the power of the state is most visibly invested. To think beyond them dares us to imagine a world community opened to what philosopher Donatella Di Cesare calls "unprecedented spaces of solidarity and unexpected moments of freedom."[11]

The provocative wager made by Sander and Ursprung not only speaks to border regimes but to the very concept of citizenship that is legitimized by them. At its most extreme, the missing wall between the two pavilions could be read as a first step in "making the world a world in common,"[12] one no longer split into state-fiefdoms, but cohabited as a terrestrial neighborhood. And if the Swiss and Venezuelan pavilions are now opened to one another, one wonders if the same could not be done with the Russian pavilion next door, whose emptiness stands as an emblem of the ongoing war in Ukraine.[13]

Our backs are still against the wall, yet imagining a terrestrial community goes beyond the breaking down of walls, for the ultimate wager is to conceive a planet without countries at all. But to break out of our confinements would require nothing short of envisioning a new architecture of the world, one in which we might finally recognize ourselves as equal citizens bound to the inescapable task of making a world *sans frontières*.

1 Robert Frost, "Mending Wall," in *North of Boston* (New York: Henry Holt and Company, 1914), 11–13.
2 From Philip Ursprung's intervention at the conference "Friends and Neighbours: Bruno Giacometti and Carlo Scarpa," held at Palazzo Trevisan Degli Ulivi, Venice, September 8, 2022.
3 From Roland Frischknecht's intervention at the conference "Friends and Neighbours" (see note 2).
4 Agar Ledo Arias, "Art for Politics: The Spanish Pavilion at the Venice Biennale as a Reflection of Its International Standing during the Franco Dictatorship," *Postcolonial Politics*, March 3, 2022, accessed January 16, 2024, postcolonialpolitics.org/art-for-politics-the-spanish-pavilion-at-the-venice-biennale-as-a-reflection-of-its-international-standing-during-the-franco-dictatorship/.
5 On the topic of imperialist politics in the context of the Venice Biennale, it is worth mentioning that the name Venezuela is believed to have originated in the 15th century from Italian explorer Amerigo Vespucci's designation of *Veneziola* (Little Venice), referring to the indigenous stilted settlements which reminded him of the Venetian lagoon.
6 Roland Robertson, "Glocalization: Time-Space and Homogeneity-Heterogeneity," in *Global Modernities*, eds. Mike Featherstone et al. (London: Sage Publications, 1995), 40.
7 William Finnegan, "A Failing State," *The New Yorker*, November 14, 2016, 1–42.
8 Cf. "Switzerland takes part in International Donors' Conference in Solidarity with Venezuelan Refugees and Migrants," press release by the Federal Department of Foreign Affairs, June 17, 2021, accessed January 16, 2024, www.eda.admin.ch/deza/en/home/sdc/aktuell/news.html/content/eda/en/meta/news/2021/6/17/84028.
9 Cf. "Black Gold in Swiss Vaults: Venezuelan Elites Hid Stolen Oil Money in Credit Suisse," *OCCRP*, February 20, 2022, accessed January 16, 2024, www.occrp.org/en/suisse-secrets/black-gold-in-swiss-vaults-venezuelan-elites-hid-stolen-oil-money-in-credit-suisse.
10 The UN Refugee Agency UNHCR reports that more than 7.7 million people have fled Venezuela between 2015 and 2023. See "Venezuela Situation," UNHCR, August, 2023, accessed January 16, 2024, www.unhcr.org/emergencies/venezuela-situation.
11 Donatella Di Cesare, *Resident Foreigners: A Philosophy of Migration*, trans. David Broder (Cambridge: Polity Press, 2020), 202.
12 Ibid.
13 Following the Russian invasion of Ukraine on February 24, 2022, Russian government delegations were banned from attending the 2022 Venice Art Biennale. Furthermore, the curator and artist who had already been selected to represent Russia resigned in protest against the war, leaving the Russian Pavilion empty. The Pavilion remained closed on the occasion of the 2023 Architecture Biennale.

Es ist ein Ding der Unmöglichkeit, von der Schweiz aus neutral über Neutralität nachzudenken. Zwar ist der Eidgenossenschaft 1815 dieser Status von den europäischen Großmächten aufoktroyiert worden, doch seitdem bietet dieses Land immer wieder Anlass zu der Annahme, dass seine Neutralität Teil eines außerordentlich erfolgreichen Geschäftsmodells ist, für das man sogar in Kauf nimmt, hin und wieder als kalt kalkulierender Pariastaat angesehen zu werden. Dabei ist Neutralität tief in die eidgenössische Identität eintätowiert. Auf der Webseite des Außenministeriums wird auf die Haager Landkriegsordnung von 1907 und das Völkergewohnheitsrecht verwiesen, die es einem neutralen Staat zur Pflicht machen, sich an keinem Krieg zu beteiligen, außer er würde sich gegen einen Angriff von außen verteidigen müssen. Dieses Recht schließt mit ein, sämtliche Kriegsparteien in der Frage von Waffenlieferungen gleichzubehandeln. Das bedeutet, dass ein neutraler Staat im Kriegsfall nicht Waffenlieferungen an die eine Konfliktpartei zulassen und an die andere verbieten kann.

Während des Zweiten Weltkriegs hat der 1923 aus Deutschland eingewanderte Schweizer Waffenproduzent und Kunstsammler Emil G. Bührle Kanonen an Nazi-Deutschland geliefert. Gern hätte er auch die Alliierten mit Waffen versorgt, doch wegen der Kriegssituation war das nicht möglich. Also hat Bührle den Alliierten Lizenzen zur Waffenproduktion erteilt.[1] Gegenwärtig bedeutet eidgenössische Neutralität, dass das Land keine Waffen an die von Russland überfallene Ukraine gibt und nicht einmal die Lieferung von ausgemustertem Material erlaubt, das außerhalb des Landes gelagert wird. Mit dieser Haltung hat sich die Schweiz Verwerfungen in den außenpolitischen Beziehungen zu den wichtigsten Verbündeten und innenpolitische Diskussionen über Sinn und Zweck der Neutralität eingehandelt.[2] Vielleicht erweist sich 2023 nicht nur als das Jahr, in dem mit der Credit Suisse eine weitere globale Marke der Schweiz verabschiedet wird. Es könnte auch den Anfang vom Ende der Neutralität bedeuten.[3]

Neutralität ist in der Politik niemals ein universeller Wert, den man sich für immer und ewig in seine Verfassung schreiben könnte. Es ist nicht einmal eine Tugend, der man sich mit Zurückhaltung und guten Absichten verschreibt. Neutralität ist ein machtpolitisches Instrument, mit dem man sich die Hände schmutzig machen kann. Sie kann kleinen Staaten vorgeschrieben werden, sie kann zu gewissen Zeiten politisch sinnvoll sein, zu anderen jedoch nicht. Man muss sie sich leisten können und kann es irgendwann vielleicht nicht mehr jederzeit. Die Wissenschaften haben andere Probleme, aber auch hier ist es ein Ding der Unmöglichkeit, neutral über die Neutralität nachzudenken, weil das Insistieren auf Neutralität immer wieder als Nebelkerze gezündet wird und einen klaren Blick auf die Wissenschaften verhindert. Zunächst einmal ist es sinnvoll, zwischen einer epistemischen und einer moralischen Neutralität zu unterscheiden, auch wenn beide eng miteinander verflochten sind. Die Forderung nach epistemischer Neutralität reicht ins Jahrhundert der Aufklärung zurück und geht von der Frage aus, mit welcher Haltung man an eine wissenschaftliche Untersuchung herangeht. 1784 sezierte der Arzt Samuel Thomas Soemmerring, ein erfahrener Hirnanatom, die Gehirne von drei dunkelhäutigen Afrikanern, um sie mit den Gehirnen von Weißen zu vergleichen. Sein Ergebnis lautete: Die Gehirne der Schwarzen seien weniger entwickelt als diejenigen der Weißen. Darin sah Soemmerring eine Bestätigung der damals weit verbreiteten Ansicht, dass Afrikaner intellektuell und moralisch den Europäern unterlegen seien. Von einigen Zeitgenossen wurde seine Forschung massiv kritisiert. Die Details würden an dieser Stelle zu weit führen,[4] doch interessant ist in diesem Zusammenhang Soemmerrings Verteidigungsstrategie. Er argumentierte nämlich, dass ihm das Ergebnis seiner Untersuchungen völlig gleichgültig gewesen sei. Wäre dabei herausgekommen, dass die Gehirne der Afrikaner höher entwickelt sind als diejenigen der Europäer, hätte er das ebenso akzeptiert. Hier wird suggeriert, dass die Wissenschaft im Hinblick auf ihre Forschungen unvoreingenommen sei. Ihr wird die Annahme zugrunde gelegt, sie sei neutral, interesselos und objektiv, und eben deswegen können ihre Ergebnisse Anspruch auf Wahrheit erheben.

Warum wirkt Soemmerrings Selbstzuschreibung einer interessenlosen und neutralen Vorgehensweise so unglaubwürdig? Im vorliegenden Beispiel geht es offensichtlich um einen damals anerkannten Wissenschaftler der Spätaufklärung, der voller rassistischer Vorurteile war. Aber auch in viel subtileren, weniger eindeutigen und weniger sensiblen Fällen ist das Ideal der Neutralität, das einem „Blick von nirgendwo" (Thomas Nagel) entspricht, eine Fiktion, weil Konventionen, Werte, Überzeugungen, Vorlieben, Symbole, Ad-hoc-Annahmen, Intuitionen oder Spekulationen auch in Mikrodosen in das wissenschaftliche Denken und Forschen eindringen. Diese Erkenntnis bedeutet jedoch keinen Abschied von der Objektivität, vorausgesetzt, der eigene Standpunkt (der niemals „nirgendwo" ist) wird mitreflektiert. Das allerdings bedeutet, dass Objektivität nur gegen das Ideal der epistemischen Neutralität zu haben ist.

Text: Michael Hagner

Ein oder zw ei Schwierigkeiten mit der Neut ralität

A neutral reflection on neutrality is essentially impossible, especially from a Swiss vantage point. The status of neutrality, originally imposed on the Swiss Confederation by the major European powers in 1815, has seemingly become part of an extraordinarily successful business model, for which the country even accepts being seen as a coldly calculating pariah state from time to time. That said, neutrality is deeply engraved in the Swiss identity. On the Federal Department of Foreign Affairs website, reference is made to the Hague Conventions of 1907 and to customary international law that bar a neutral state from participating in a war unless it acts in self-defense. This law also includes being compelled to treat all parties to a war equally in terms of weapons supply. This means that a neutral state cannot, in the event of a war, authorize military equipment to be delivered to one party to the conflict but prohibit them from being supplied to the other side.

During the Second World War, the Swiss arms manufacturer and art collector Emil G. Bührle, who had immigrated from Germany in 1923, supplied Nazi Germany with heavy artillery; he would have gladly also supplied weapons to the Allies, but that was impossible owing to the situation in the war. Instead, Bührle granted the Allies licenses to produce the weapons themselves.[1] At present, Swiss neutrality means that the country does not supply weapons to Ukraine following the invasion by Russia, and does not even permit the delivery of decommissioned materiel stored outside the country. This stance has caused upheaval in Switzerland's foreign relations with its most important allies and has sparked domestic debates on the meaning and purpose of neutrality.[2] Perhaps 2023 will therefore prove to be the year that saw not only Credit Suisse—another global Swiss brand—disappear, but also the beginning of the end of neutrality.[3]

In politics, neutrality is never a universal value you can enshrine in your constitution until the end of times. It is not even a virtue to which you commit with restraint and good intentions. Neutrality is an instrument of power politics which allows you to get your hands dirty. It can be imposed on small states; it can be politically meaningful at times and less so at others. You need to be able to afford it, and at some point, perhaps, you no longer can.

Scientists face different problems, but they, too, have trouble to think neutrally about neutrality because insisting on neutrality has repeatedly functioned as a smokescreen to prevent a clear view of science. First of all, it makes sense to distinguish between an epistemic and a moral neutrality, even if the two are closely bound up with each other. The first version dates back as far as the century of the Enlightenment and takes as its starting point the question of the stance to adopt in approaching a scientific study. In 1784 physician Samuel Thomas Soemmerring, an experienced brain anatomist, dissected the brains of three people of African descent in order to compare them to the brains of white persons. The outcome: The brains of dark-skinned people were purportedly less developed than those of the light-skinned ones. Soemmerring believed this confirmed the widespread view of the day that people of African descent were intellectually and morally less developed than Europeans. Some of his contemporaries severely criticized his research. The details would exceed the scope of this contribution;[4] what is interesting, though, is the strategy Soemmerring used to defend himself. For he argued that he was completely indifferent to the results of his study. Had the outcome been the other way around, he said, he would have accepted the findings likewise. This would suggest that science is unprejudiced as regards its research. It is neutral, disinterested, objective, and precisely for that reason its results can lay claim to being true.

Why does Soemmerring's self-labeling as neutral researcher seem so lacking in credibility? This example is obviously about a recognized scientist of the Late Enlightenment who was full of racist prejudices. However, in much more subtle, less unambiguous, and less sensitive cases, the ideal of neutrality that accords with what philosopher Thomas Nagel has termed a "view from nowhere" remains a fiction, if only because conventions, values, convictions, preferences, symbols, ad-hoc assumptions, intuitions, or speculations always also play a role in scientific thought and research, even if only in microdoses. However, this realization does not mean bidding farewell to objectivity, as long as you also reflect on your own point of view (which is never "nowhere"). It follows that objectivity can only be achieved at the expense of the ideal of epistemic neutrality.

The second kind of neutrality can be illustrated by the example of the biopic on J. R. Oppenheimer that was so successful in 2023. The film also highlights the question of whether science, even when it is about building an atomic bomb, is still conducting disinterested and exclusively purposive research. Once the scientific work has been done, what counts is what purpose the research is then used for. Whether the purpose is a good one or an evil one is something decided by politics, scientists sometimes say, and no longer their responsibility.

Text: Michael Hagner

One or Two Difficulties with Neutrality

Die zweite Art von Neutralität lässt sich am Beispiel des 2023 so erfolgreichen Biopics über J. R. Oppenheimer illustrieren. Der Film thematisiert unter anderem die Frage, ob die Wissenschaft, selbst wenn es um den Bau der Atombombe geht, stets wertfreie und ausschließlich sachdienliche Forschung verrichtet. Nach Beendigung der wissenschaftlichen Arbeit komme es darauf an, für welchen Zweck diese Forschung verwendet wird, und das könne ein guter oder böser Zweck sein. Das aber sei Sache der Politik und liege nicht mehr in der Verantwortung der Wissenschaft. Eine solche politische Neutralität gegenüber der Verwendung wissenschaftlicher Produkte wurde schon damals erbittert diskutiert, und seit dem Zweiten Weltkrieg ist diese Position noch viel unglaubwürdiger geworden. Zu eng ist die Verflechtung von Wissenschaft, Industrie und Militär, zu gravierend sind die kommerziellen und staatlichen Interessen an Innovationen in Bereichen wie Künstliche Intelligenz, Energie oder Genforschung, als dass die Wissenschaften ihren Kopf in den Sand der Neutralität stecken könnten.

Der Pakt mit Politik und Wirtschaft hat die Glaubwürdigkeit der Wissenschaften zunehmend unterminiert und wirft die Frage auf, ob Universitäten überhaupt noch in der Lage sind, die epistemische und moralische Bedeutung der Wissenschaften für eine verlässliche und verantwortungsvolle Erforschung der Phänomene der Welt zu vermitteln. Ergibt man sich nicht einem *lasciate ogni speranza*, lohnt es sich doch noch einmal, die Beziehungen zwischen Wissenschaft und Politik näher zu betrachten und wiederum ins 18. Jahrhundert zurückzugehen, um zu sehen, wie Kant die Claims zwischen den beiden absteckt.

In seiner Schrift *Zum ewigen Frieden* schreibt Kant: „Daß Könige philosophieren, oder Philosophen Könige würden, ist nicht zu erwarten, aber auch nicht zu wünschen; weil der Besitz der Gewalt das freie Urteil der Vernunft unvermeidlich verdirbt.“[5] Wenn man Könige und Philosophen durch Politik und Wissenschaften in einer modernen Demokratie ersetzt, erhält man folgende Formel: Dass Politik sich in die Wissenschaft oder umgekehrt diese sich in die Politik einmischt, ist nicht zu wünschen, weil die politische Macht mit Interessen, Absichten und Werten einhergeht, die sich mit epistemischen Tugenden wie Objektivität, Beweis, Tatsache oder Wahrheit nicht vertragen. Damit ist nicht ausgeschlossen, dass die Politik sich der Fakten bedient, vielmehr soll sie es sogar tun, aber diese Fakten unterliegen Werten und Interessen der jeweiligen politischen Akteure, und die daraus folgenden Entscheidungen sind in einer Demokratie nicht alternativlos und dürfen es auch nicht sein.

Genauso wichtig ist es für Kant, dass die Politik sich aus der Wissenschaft heraushält, einfach weil ihr die Autonomie der Urteilskraft fehlt. Wissenschaft richtet sich auf Erkenntnis, gerade auch auf das, was noch nicht gedacht oder erwogen wurde. Wenn es irgendwann dem praktischen Nutzen dient, ist dagegen nichts einzuwenden, aber Kant geht es eigentlich darum, dass der Vorgang einer unabhängigen, freien Erkenntnis selbst für die Zivilisierung der Menschheit von Nutzen ist, weil nämlich Erkenntnis eine moralische Qualität hat, die darin besteht, dass man von partialen Interessen absieht. Dies ist eine Forderung, die eng mit der Forderung nach Objektivität zusammenhängt, aber das funktioniert nur, es sei noch einmal gesagt, wenn Neutralität, das vermeintliche Nirgendwo, gar nicht erst in Betracht gezogen wird.

Man kann noch genauer herausarbeiten, was die Ausübung freier Wissenschaften für eine aufgeklärte Zivilgesellschaft bedeutet. In dem Essay *Beantwortung der Frage: Was ist Aufklärung?* räumt Kant am Schluss ein, dass er sich bei der zentralen Frage der Aufklärung, wie der Mensch seiner selbst verschuldeten Unmündigkeit entkommen könne, vor allem auf Religionsfragen konzentriert habe. Und dann spezifiziert er, dass die Wissenschaften eine Bevormundung durch die Politik schlechterdings nicht dulden dürfen. In einer bemerkenswerten Wendung heißt es, dass „überdem auch jene Unmündigkeit, so wie die schädlichste, also auch die entehrendste unter allen ist“.[6] Dieser Satz hat es in sich, und er trifft heute ebenso zu wie damals. Die Unmündigkeit der Wissenschaften ist besonders schädlich, weil unter dieser Bedingung ein zivilisierter, aufgeklärter, demokratischer Staat unmöglich ist. Die Freiheit oder Mündigkeit der Wissenschaft ist nicht der einzige Garant für einen solchen Staat, aber ohne sie ist der demokratische Staat nichts. Anders formuliert: Der Grad der Mündigkeit der Wissenschaften, für welche diese einzustehen haben, ist ein Seismograf für die Bedingungen der Freiheit in diesem Staat. Und daher ist nichts entwürdigender für die Wissenschaften, als sich unbesehen und unmündig den Interessen des Staates zur Verfügung zu stellen: Sie verraten damit die Freiheit und tragen dazu bei, dass der Staat kein aufgeklärter sein kann.

Diese Überlegung hat zwei weitreichende Konsequenzen: Erstens hat die Wissenschaft in ihrem Erkenntnisstreben, in ihrer Forschung autonom zu agieren, und zweitens muss Wissenschaft in der Öffentlichkeit von der Vernunft Gebrauch machen und darf nicht davor zurückschrecken, dem Staat und auch ihren eigenen Institutionen gegenüber, den Universitäten, kritisch aufzutreten. Wie steht es mit den

Back then, such political neutrality toward the use of scientific products was already the subject of fierce controversy, and since the Second World War this position has forfeited much of its credibility. The links between science, industry, and the military are so close, the commercial and government interests in innovations in the field of artificial intelligence, energy, or genetic research so massive that science cannot hide behind any purported neutrality.

Science has increasingly been undermined by its pact with politics and business, and this has spawned the question of whether today universities are even able to convey the epistemic and moral significance of the science for reliable and responsible research of the phenomena of the world. If one does not give in to an "abandon hope, all ye who enter here," then it is certainly worth closely revisiting the relations between science and politics and going back to the 18th century to see how Immanuel Kant staked out the claims between the two.

In his treatise *Perpetual Peace: A Philosophical Essay*, Kant writes: "That kings should philosophize, or philosophers become kings, is not to be expected. But neither is it to be desired; for the possession of power is inevitably fatal to the free exercise of reason."[5] If we replace "kings" and "philosophers" with "politics" and "science" in a democracy, then you get the following formula: It is not desirable for politics to intervene in science or conversely for science to intervene in politics, for the possession of political power is inevitably bound up with interests, intentions, and values that are not compatible with epistemic virtues such as objectivity, proof, facts, or truth. This does not exclude politics making use of the facts—on the contrary: It should so do; but these facts are subject to the values and interests of the respective political actors, and the subsequent decisions are not without alternatives in a democracy, and neither should they be.

It was just as important to Kant that politics should keep itself out of science, simply because it lacks the autonomy of judgment. Science is focused on knowledge, precisely also on what has not yet been thought or considered. There is nothing wrong with that knowledge serving practical benefits at some point; however, Kant's point is actually that the process of independent, free knowledge production is beneficial for the civilizational process of humanity, because knowledge has a moral quality that consists in overcoming partial interests. This is a demand that is closely related to the call for objectivity, but it only functions, again, if neutrality—the supposed "nowhere"—is not even taken into consideration.

One can elaborate further on what meaning academic freedom has for an enlightened civil society. In his essay *An Answer to the Question: What is Enlightenment?* Kant concedes toward the end that in answering the central conundrum of how people can emerge from their self-imposed immaturity, he has mainly concentrated on issues of religion. He then specifies that science should quite simply not tolerate any patronization by politics. In a remarkable turn, he states that this is "because that form of immaturity is both the most pernicious and disgraceful of all."[6] This sentence packs a punch, and it hits the nail on the head today just as it did back then. The immaturity of the sciences is especially harmful because under that condition no civilized, enlightened, democratic state is possible. The freedom or maturity of science is not the sole guarantor of such a state, but without it the democratic state is hollow. Put differently: The degree of maturity of science, which has to be defended by science itself, is a gauge of the conditions for freedom in that state. For that reason, nothing is more degrading for the sciences than to make themselves available to promote the state's interests without hesitation and without maturity: In doing so, they betray freedom and contribute to the state not being an enlightened one.

This consideration has two far-reaching consequences: First, science shall act autonomously in its pursuit of knowledge and its research; second, science must make use of reason in the public sphere and not shy away from taking a critical stance towards both the state and its own institutions, the universities. So, what is the status of critical reasoning, given the above-mentioned alliances with politics and business? Difficult enough, but science's maturity, in constant need of defense, could begin with explaining to itself and the general public at any time where it currently stands on the spectrum between autonomy and politics, knowledge and economic interests, theoretical considerations and desires. Neutrality suggests that these (op)positions can always be neatly separated from each other. Yet they cannot, and therefore the insistence on neutrality serves as an instrument of patronization and leads to science's depoliticization. In such a constellation, there are no more debates, controversies, feedback loops, or critique, but solely peace, quiet, and order in the world of knowledge. To quote Bertolt Brecht and Paul Feyerabend: "These days, you tend to find order where there isn't anything. It's a symptom of deprivation."[7] Neutrality proves to be a child of order.

kritischen Argumenten angesichts der oben konstatierten Bündnisse mit Politik und Wirtschaft? Schwierig genug, aber die ständig zu verteidigende Mündigkeit der Wissenschaft könnte damit beginnen, sich selbst und dem Publikum jederzeit erklären zu können, wo im Spektrum zwischen Autonomie und Politik, Erkenntnis und ökonomischen Interessen, theoretischen Erwägungen und Wünschen sie sich gerade bewegt. Neutralität suggeriert, dass diese (Op)positionen sich stets säuberlich voneinander trennen lassen. Das tun sie nicht, und daher ist das Neutralitätsgebot ein Instrument der Bevormundung und führt zur Entpolitisierung der Wissenschaften. In einer solchen Konstellation gibt es keine Debatten, Kontroversen, Rückfragen und Kritiken mehr, sondern es herrschen Ruhe und Ordnung in der Welt des Wissens. Mit Bertolt Brecht und Paul Feyerabend gesagt: „Ordnung ist heutzutage meistens dort, wo nichts ist. Es ist eine Mangelerscheinung."[7] Die Neutralität erweist sich als ein Kind der Ordnung.

Für ästhetische Fragen können die Verwerfungen der Neutralität in Politik und Wissenschaft nicht gleichgültig sein, denn die Kunst kann nicht so tun, als wäre sie die kleine Insel der Ausnahmen im rauen Meer der Wirklichkeit. Auch ihr stünde es nicht schlecht an, sich darüber ins Bild zu setzen, wo im Spektrum zwischen Eigensinn und Politik, Ästhetik und ökonomischen Interessen sie sich gerade bewegt. Das haben nicht zuletzt die Kontroversen um *Cancel Culture* und die Freiheit der Kunst deutlich vor Augen geführt, die sich seit dem Massaker der Hamas an israelischen Zivilisten am 7. Oktober 2023 und seinen dramatischen Folgen noch einmal verschärft haben.[8]

In einer seiner Vorlesungen am Collège de France in den 1970er-Jahren hat Roland Barthes sich dem *Neutrum* gewidmet und in immer neuen Anläufen versucht, es gegen die oppositionelle Struktur der Sinnbildung ins Spiel zu bringen. Das heißt aber nicht, dass das Neutrum sich neutral gegenüber Polaritäten oder binären Ordnungen verhalten würde, sondern es versucht sie zu unterlaufen und auszuhebeln. Die Pointe bei Barthes ist, dass das auch für den Umgang mit dem Neutralen selbst gilt, wenn es als Opposition zu einem X aufgefasst wird. In einer erstaunlichen Passage, die den Auftakt zu einem kurzen Kapitel über die Farbe bildet, heißt es: „Eines schönen Nachmittags gehe ich aus, um mir Farben zu kaufen. Fläschchen mit Farbtönen. Beim Einräumen zu Hause stoße ich eines um: Es war die Farbe Neutral (natürlich hatte ich diese Flasche als erste geöffnet, um zu sehen, von welcher Farbe dieses Neutrum ist). Nun, ich wurde bestraft und enttäuscht: bestraft, weil dieses Neutrum spritzt und Flecken macht (es ist eine Art mattes Grauschwarz); enttäuscht, weil es eine Farbe wie alle anderen ist, die man kaufen kann (das Neutrum ist also nicht unverkäuflich): Das Unklassifizierbare ist klassifiziert."[9]

Das Neutrale schmiert, das Neutrale kann man kaufen, das Neutrale ist Konvention: Weiß, Grau oder Schwarz können als neutral auf den Laufsteg oder in den Ausstellungsraum geschickt werden. Das alles ist, wie Barthes sagt, enttäuschend, weil es letztlich doch um Klassifizierung geht. Im Hinblick auf farbliche Kontrastierungen kann es dann nicht darauf hinauslaufen, das Neutrale als etwas zu etablieren, das, wenn es hervorgehoben wird, die Farbe verbirgt, und dass umgekehrt, wenn das Neutrale verborgen wird, der Reichtum der Farbe erscheint. Anstelle dieser Opposition setzt Barthes eine andere: „nämlich die zwischen Unterscheidung und Ununterschiedenheit, und genau darum geht es beim Neutrum, genau darum ist das Neutrum schwierig, provokant, anstößig: weil es ein Denken des Nichtunterschiedenen beinhaltet".[10]

Was bedeutet das für die weiße Wand als Inbegriff der modernen Architektur und auch als vermeintlich neutraler Hintergrund für Kunst? Ist sie Neutralität oder Neutrum? Als Neutralität wäre sie Konvention und man könnte sie kaufen. Der Ausstellungsbetrieb weiß, wovon die Rede ist. Als Neutrum ließe sie sich leichter denken, aber wäre schwierig zu definieren, weil das Neutrum mit Definitionen, so Barthes, „dogmatisiert würde".[11] Es kann also nur darum gehen, über die weiße Wand als Neutrum von Fall zu Fall zu reden, als Ausnahme, Indifferenz, Befremdlichkeit, Stütze, Hindernis oder Täuschung, je nachdem. Die weiße Wand als Neutrum beginnt nicht an der Wand, sondern im Kopf. An diesem Punkt, so scheint mir, kann die Kunst – nicht neutral, doch mit dem Neutrum jonglierend – lebendig werden.

1 Die durch die Kriegsprofite aufgebaute Sammlung Emil Bührle, für die das Kunsthaus Zürich von David Chipperfield einen Erweiterungsbau entwerfen ließ, hat seit der Eröffnung im Oktober 2021 eine anhaltende Kontroverse um Raubkunst, Provenienz und Restitution ausgelöst. Zur Geschichte siehe Erich Keller: *Das kontaminierte Museum – Das Kunsthaus Zürich und die Sammlung Bührle*, Zürich 2021. Zur aktuellen Situation siehe Ders.: „Auf Zeit: Die Neuausstellung der Bührle-Sammlung", in: *Republik*, 4.11.2023, www.republik.ch/2023/11/04/auf-zeit-die-neuausstellung-der-buehrle-sammlung (Stand: 16.2.2024)

2 Sehr eindrücklich dazu Constantin Seibt: „Ruhm der Ukraine, Schande der Schweiz", in: Republik, 17.3.2023, www.republik.ch/2023/03/17/ruhm-der-ukraine-schande-der-schweiz (Stand: 25.2.2024)

3 Am 18.12.2023 nahm der Schweizer Nationalrat den Vorstoß zur Lockerung des Kriegsmaterialgesetzes an, der es dem Bundesrat erlaubt, eine Ausnahmeklausel auszuarbeiten, um in Zukunft bei Vorliegen „außerordentlicher Umstände" und „zur Wahrung der außen- oder sicherheitspolitischen Interessen der Schweiz" Waffenexporte zu bewilligen.

4 Siehe Michael Hagner: *Homo cerebralis – Der Wandel vom Seelenorgan zum Gehirn*, Berlin 1997, S. 65–69

5 Immanuel Kant: *Zum ewigen Frieden. Ein philosophischer Entwurf* (1796, B 70), in: Ders.: *Werkausgabe*, Band 11, Frankfurt a. M. 1968, S. 191–251, hier S. 228

6 Immanuel Kant: *Beantwortung der Frage: Was ist Aufklärung?* (1784, A 492), in: Ders.: *Werkausgabe*, Band 11, Frankfurt a. M. 1968, S. 51–61, hier S. 60

7 Bertolt Brecht: *Flüchtlingsgespräche*, Frankfurt a. M. 1961, S. 17. Paul Feyerabend hat diese Sätze 1975 als Motto seinem Buch *Wider den Methodenzwang* vorangestellt.

8 Aus der unübersehbaren Fülle der Literatur sei wenigstens ein bemerkenswerter Text angeführt: Hito Steyerl: „Wenn die Kunst der Kulturdebatte zum Opfer fällt", in: *Frankfurter Allgemeine Zeitung*, 26.1.2024 (aktualisiert am 28.1.2024, www.faz.net/aktuell/feuilleton/hito-steyerl-ueber-lagerbildungen-in-der-kulturdebatte-19475947.html (Stand: 25.2.2024)

9 Roland Barthes: *Das Neutrum. Vorlesung am Collège de France 1977–1978*, Frankfurt a. M. 2005, S. 97 f. Ich zitiere nach der gekürzten Fassung dieser Passage auf der Rückseite des Buchumschlags.

10 Ebd., S. 101 f.

11 Ebd., S. 153

The upheavals as regards neutrality in politics and science cannot be inconsequential for aesthetic issues, as art likewise cannot act as if it were some small isle of exception in the rough seas of reality. It would also be a good idea for art to get a clear picture of where it currently stands on the spectrum between autonomy and politics, between aesthetics and economic interests. This was made evident not least by the controversies surrounding "cancel culture" and artistic freedom, which have intensified in the wake of the Hamas massacre of Israeli civilians on October 7, 2023, and its drastic consequences.[8]

In one of his lectures at the Collège de France, Roland Barthes devoted himself to the *Neutral* and attempted in a continuous loop of new attempts to bring it into play against the oppositional structure of signification. This is not to say that the neutral behaves neutrally vis-à-vis polarities or binary orders, but that it tries to undermine them and neutralize them. The point for Barthes is that this also applies to how we address the neutral itself if it is construed as in opposition to something. In an astonishing passage that marks the start of a brief chapter on color, he writes: "Thursday, March 9, fine afternoon, I go out to buy some paints … I buy sixteen bottles. In putting them away, I knock one over: in sponging up, I make a new mess: … it was the color called Neutral (obviously I had opened this bottle first to see what kind of color was this Neutral about which I am going to be speaking for thirteen weeks). Well, I was both punished and disappointed: punished because Neutral spatters and stains (it's a type of dull gray-black); disappointed because Neutral is a color like the others, and for sale (therefore, Neutral is not unmarketable): the unclassifiable is classified."[9]

The neutral greases palms, the neutral can be bought, the neutral is convention: White, gray, or black can be sent out onto the catwalk or into the exhibition space. All of that is, as Barthes says, disappointing, because, in the end, it is all about classification. As regards color contrasts, the focus cannot be on establishing the neutral as something that, if it gets emphasized, conceals color, and conversely if the neutral is hidden, the richness of color appears. Barthes posits a different opposition in place of this one: "That between distinction and indistinction, and this is what is at stake in the Neutral, the reason the Neutral is difficult, provocative, scandalous: because it implies a thought of the indistinct …"[10]

What does that mean for the white wall as the epitome of modern architecture and also as the ostensibly neutral background for art? Is it neutrality or neutral? As neutrality, it would be convention and one could buy it. The exhibition business knows what this is about. If it is a neutral, it becomes easier to think it but hard to define, because the neutral would be "dogmatized" by definitions, or so Barthes says.[11] The focus must therefore only be on talking about the white wall as neutral on a case-by-case basis, as the exceptional, indifferent, disconcerting, supporting, as obstacle or deception, depending on the circumstances. The white wall as neutral doesn't start on the wall but in your head. At this juncture, where art is not representing neutrality but juggling with the neutral, it becomes vibrant.

1 The Collection Emil Bührle established with his war profits, and for which Kunsthaus Zürich had David Chipperfield design an extension, has, since its opening in October 2021, triggered an ongoing debate on looted art, provenance, and restitution. On its history, see Erich Keller, *Das kontaminierte Museum: Das Kunsthaus Zürich und die Sammlung Bührle* (Zurich: Rotpunktverlag, 2021). On the current situation see ead.: "Auf Zeit: Die Neuausstellung der Bührle-Sammlung," in *Republik*, November 4, 2023, accessed February 16, 2024, www.republik.ch/2023/11/04/auf-zeit-die-neuausstellung-der-buehrle-sammlung.

2 See Constantin Seibt, "Ruhm der Ukraine, Schande der Schweiz," in *Republik*, March 17, 2023, accessed February 25, 2024, www.republik.ch/2023/03/17/ruhm-der-ukraine-schande-der-schweiz.

3 On December 18, 2023, the Swiss Parliament adopted the proposal to relax the War Material Act, allowing the Swiss government to draw up an exemption clause that would approve arms exports in "exceptional circumstances" and "to safeguard Switzerland's foreign or security policy interests."

4 See Michael Hagner, *Homo cerebralis: Der Wandel vom Seelenorgan zum Gehirn* (Berlin: Suhrkamp, 1997), 65–69.

5 Immanuel Kant, *Perpetual Peace: A Philosophical Essay* (1796), trans. M. Campbell Smith (London: Swan Sonnenschein, 1905), 160.

6 Immanuel Kant, *An Answer to the Question: What is Enlightenment?* (1784), trans. Ted Humphrey (Indianapolis: Hackett Publishing, 1992), 4.

7 Bertolt Brecht, *Refugee Conversations*, trans. Romy Fursland (London: Methuen, 2020), 13. Paul Feyerabend chose these sentences as the epitaph for his book *Against Method* (London: Verso, 1975).

8 From the immense swath of literature on the topic, one at least bears special mention: Hito Steyerl: "Wenn die Kunst der Kulturdebatte zum Opfer fällt," in *Frankfurter Allgemeine Zeitung*, January 26, 2024, accessed February 16, 2024, www.faz.net/aktuell/feuilleton/hito-steyerl-ueber-lagerbildungen-in-der-kulturdebatte-19475947.html.

9 Roland Barthes, *The Neutral: Lecture Course at the Collège de France 1977–1978*, trans. Rosalind Krauss & Denis Holler (New York: Columbia University Press, 2005), 48–49.

10 Ibid., 51.

11 Ibid., 86.

Karin Sander und Philip Ursprung haben im Schweizer Pavillon anlässlich der Architekturbiennale 2023 in Venedig die Mauer zum Nachbarpavillon buchstäblich aufgelöst. Einer der Ausgangspunkte der künstlerischen Praxis von Karin Sander liegt genau in dieser Geste der Auflösung: von Grenzen, von Gattungen, der Trennung zwischen Kunstwerk und Raum. Die Erfahrung eines existierenden Raumes ist essenziell für die Praxis der Künstlerin; ihr Umgang damit ist jedoch kein statischer: Zeitlichkeit, Prozesshaftigkeit sowie das stete Mitdenken der Präsenz eines Publikums spielen eine große Rolle. Ihre Ausstellungen beginnen erst am Tag der Eröffnung zu leben, sie sind kein fixes Konstrukt, sondern gehen durch kontinuierliche, individuelle Interaktionen ihren Weg. Obwohl es in ihrer Kunst nicht ausdrücklich um Aktionen geht, ist der Ausgangspunkt, die Haltung der Kunst von Karin Sander performativ angesetzt. Die Künstlerin transformiert und verändert je nach Kontext, was sie findet, und nicht selten tut sie dies mit Ironie und Humor.

Text: Letizia Ragaglia

Grenz auflösung

On the occasion of the 2023 Architecture Biennale in Venice, Karin Sander and Philip Ursprung quite literally dissolved the wall separating the Swiss Pavilion from its neighbor, the Venezuelan one. Sander's artistic practice often begins with a gesture of dissolution, unraveling dividing lines, genres, or the separation of an artwork and the space it is exhibited in. How one experiences an already existing space has a pivotal function in the artist's practice. That said, her approach to space is not static, because temporality, processuality, and the constant consideration of the possible presence of an audience are all key here. Her exhibitions first come to life with their opening: They are not fixed constructs but evolve through continuous individual interactions. Although Sander's art does not overtly hinge on actions, her point of departure and her art's expression have a performative thrust. Karin Sander transforms and changes what she finds depending on the context that she encounters on site, not infrequently employing irony and humor in the process.

Text: Letizia Ragaglia

Diss olving Boundaries

Während ich diese Sätze schreibe, sitze ich im Mudam in Luxemburg, dem einzigen Museum in Europa, das der sino-amerikanische Architekt Ieoh Ming Pei komplett geplant hat. Die Idee zum Neubau hatte die luxemburgische Regierung Ende der 1980er-Jahre, 2006 wurde er eröffnet. Dazwischen liegen die einschneidenden 90er-Jahre, als „der Westen" mit dem Fall der Berliner Mauer als feste Einheitsfront verschwand und Francis Fukuyama zufolge der Sieg über den Kommunismus das „Ende der Geschichte" einläutete. Bis zur Fertigstellung des Museums Mitte der 2000er-Jahre durchlebte die Welt nach dem 11. September eine erneute Polarisierung. Man kann Peis Entwurf als eine Bestandsaufnahme jener Jahre sehen. Es ist ein typischer Bau der 1990er-Jahre, der mit dem Optimismus dieser Dekade geplant worden ist. Die Architektur verspricht Offenheit und Frieden, gibt die Hoffnung, dass die Welt so, wie wir sie erleben, für immer Bestand haben wird. Heute nehmen wir das Mudam mit seiner großflächigen Außenverglasung eher als ein verwundbares Gebäude wahr.

Pei ist unter anderem dafür bekannt gewesen, Museumsbauten zu errichten, die die Besucher*innen unabhängig von den in ihnen gezeigten Ausstellungen anziehen. Dabei dominiert die Architektur nicht die Kunst, sondern will ihr einen Rahmen geben, der sich selbst als skulpturales Werk versteht. Mit der National Gallery of Art in Washington, der Louvre-Pyramide in Paris und dem Schauhaus des Deutschen Historischen Museums in Berlin hat Pei einen neuen Typus des populären Museums entwickelt, der einem breiten Publikum einen niederschwelligen Zugang zu den Exponaten ermöglicht. Diese Qualitäten prägen auch das Mudam in Luxemburg, das sich als „Diener der Kunst" und nicht als eitler architektonischer Selbstzweck versteht. Und dennoch ist es dominant, fordert die Kunst und die Künstler*innen heraus und ermöglicht dadurch viele interessante und auch experimentelle Zugänge. Und vor allen Dingen baut das Gebäude aus seiner eigenen Geschichte heraus Geschichten auf. Es dient mehr der repräsentativen Selbstdarstellung als dem reinen Zweck, weshalb auch die Geschichten in dieser Architektur so wichtig sind. Sie bieten den Ausgangspunkt für die Arbeit mit und im Mudam, das ich als Direktorin leite. Kunst und Architektur können die unterschiedlichsten Verbindungen aufbauen, die es in der kuratorischen Praxis innovativ zu nutzen gilt. Manchmal teilen sie ein Anliegen, manchmal wollen sie Form über Inhalt stellen, manchmal sind sie deckungsgleich, und manchmal fordern sie sich heraus, dann sind sie Teil eines Gesamtkunstwerks. Wie auch immer sich ihr Verhältnis gestaltet, egal sind sich Kunst und Architektur niemals.

Blicke ich vor diesem Hintergrund auf Karin Sanders und Philip Ursprungs Beitrag im Schweizer Pavillon 2023 in Venedig, dann sehe ich, wie Architektur in Architektur ausgestellt wird – und dies auf Basis künstlerischer Strategien und Vorgehensweisen. Was passiert, wenn man Kunst in eine Architekturbiennale einschleust und Architektur durch die Linse der Kunst betrachtet? Ich hatte mich im Vorfeld etwas gewundert, warum Karin Sander als Künstlerin eingeladen wurde, die Architekturbiennale zu bespielen, eine Ausstellung, die im Vergleich zur Kunstbiennale doch wesentlich praktischer auf heutige Formen und Möglichkeiten des Zusammenlebens schaut? Aber ihr Beitrag stach tatsächlich heraus, weil er das Zusammenleben auf künstlerischer Ebene reflektierte, indem ein Wandstück entfernt wurde. Es wurde eine neue Nachbarschaft hergestellt, wo Architektur eine Trennung herbeigeführt hatte, aus welchen mehr oder weniger nachvollziehbaren Gründen auch immer.

Der von Bruno Giacometti entworfene Schweizer Pavillon und der benachbarte, von Carlo Scarpa geplante Pavillon Venezuelas werden in ihrer Geschichte und mit ihren Geschichten thematisiert. Sie sind keine neutrale Kulisse. Das dabei Architektur entfernt werden musste, ist ein schönes Detail, denn warum glaubte man zu einem bestimmten Zeitpunkt, dass es der Nachbarschaft dienlicher wäre, wenn der kurze Weg zwischen den Bauten durch eine Mauer versperrt wäre? Diese Frage kann man derzeit wahrscheinlich auf die gesamte Makro- wie auch Mikropolitik anwenden und würde dennoch keine zufriedenstellende Antwort finden. Architektur ist mehr als eine Hülle, sie spricht, handelt und symbolisiert.

Text: Bettina Steinbrügge

Arch itektur durch die Linse der Ku nst

I am writing these sentences seated in the Mudam Luxembourg, the only museum in Europe where the planning was supervised in its entirety by Chinese-American architect Ieoh Ming Pei. The government had the idea for the new building at the end of the 1980s, and it first opened its doors in 2006. In between came the incisive 1990s when, with the fall of the Berlin Wall, the West disappeared as a firm, united front and Francis Fukuyama claimed that the victory over communism had ushered in the end of history. Before the museum was finished in the mid-2000s, the world had once again been polarized—this time by 9/11. One can read Pei's design as an assessment of all of that. It is a typical 1990s design, planned with the optimism of that decade. The architecture promises openness and peace, gives hope that the world as we experience it will persist forever. Today, with its expansive glass facade, the Mudam tends to be perceived as a vulnerable edifice instead.

Pei was known, among other things, for designing museum buildings that attracted visitors irrespective of the exhibitions they presented. However, the architecture did not reign over the art, but simply sought to create a frame for it, albeit one that considered itself a sculpture in its own right. With his National Gallery of Art in Washington, the Louvre Pyramid in Paris, and the exhibition hall for the Deutsches Historisches Museum in Berlin, Pei created a new type of popular museum that encouraged the broad general public to view the exhibits. These are also the defining qualities of the Mudam in Luxembourg, which sees itself as the "servant of art" and not as a vain piece of architecture conceived as an end in itself. And yet it has a dominant presence, challenging art and artists alike, and in this way enabling many interesting and often experimental approaches. Above all, the building creates stories on the basis of its own history. It is more a matter of ostentatious self-representation than of pure purposiveness, which is why the stories in this architecture are so crucial. They form the basis for the work with and inside the Mudam, of which I am the director. Art and architecture can establish all manner of different links that can be used innovatively in curatorial practice. Sometimes they share a focus, sometimes both wish to place form over content, sometimes they overlap completely, and sometimes they challenge each other, and then they become part of a *gesamtkunstwerk*. Irrespective of the relationship between them, art and architecture are never indifferent to each other.

If, against this background, I consider Karin Sander and Philip Ursprung's contribution to the Swiss Pavilion in Venice in 2023, then I see how architecture can be displayed inside of architecture, on the basis of artistic strategies and approaches. What happens if one sneaks art into an architecture biennial and views architecture through the lens of art? I was a bit puzzled in advance as to why Karin Sander as an artist was invited to present at an architecture biennial, an exhibition which, compared to an art biennial, looks so much more pragmatically at the shapes and options for coexistence in today's world. Yet their contribution really stood out because it reflected on coexistence at the artistic level by removing a piece of wall. New neighborly links were created where architecture had caused separation, for whatever reasons, be they comprehensible or not.

The Swiss Pavilion designed by Bruno Giacometti and the neighboring Venezuelan Pavilion by Carlo Scarpa are highlighted with their history and their stories. They are not neutral backdrops. It is a sweet detail that, to this end, a piece of architecture had to be removed—because why, at a specific point in time, did people believe that it was better for the sake of neighborly relations to block the short path between the buildings with a wall? You can probably apply the same question to all politics at the macro and micro levels at present, and still not find a satisfactory answer. Architecture is more than an envelope: It speaks, acts, and symbolizes.

Text: Bettina Steinbrügge

Architecture through the Lens of Art

Wird die Architekturwelt es verzeihen, dass der Schweizer Pavillon zur 18. Architekturbiennale in Venedig in die Hände einer Künstlerin und eines Kunsthistorikers gelangte? Hat die Kunst nicht schon genügend Möglichkeiten der Repräsentation in Biennalen, Messen, der Documenta, Museen, Galerien, Off-Spaces, Katalogen, Zeitschriften? Muss sie jetzt auch noch eine der raren, kostbaren Gelegenheiten vereinnahmen, die die Architektur hat, um sich einer breiten Öffentlichkeit zu zeigen?

Tatsächlich sind die Gewichte der Repräsentation von Kunst und Architektur ungleich verteilt. Die großen Kunstausstellungen ziehen nach wie vor die Aufmerksamkeit und die Fördermittel auf sich. Der Boom der zeitgenössischen Kunst ist ungebrochen. Der Kunstmarkt expandiert. Museen mit Privatsammlungen schießen weiterhin aus dem Boden, als gäbe es keine Wirtschaftskrise. Die Buchhandlungen quellen über von Ausstellungskatalogen, Monografien und Traktaten. Die Kunsttheorie ist dynamisch und verzweigt. Über die Documenta zerbricht sich sogar die Politik den Kopf.

Vor Architekturausstellungen hingegen bilden sich keine langen Schlangen. Es gibt keine nennenswerten Neugründungen von Architekturinstitutionen. Der vorübergehend blühende Markt mit Architekturzeichnungen ist erlahmt und die wenigen Sammler lassen sich an einer Hand abzählen. Die Architektur hat keine kohärente Theorie und der akademische Diskurs lässt die breite Öffentlichkeit kalt. Für die Politik ist Architektur nur dann von Belang, wenn es um Wohnungsmangel, Kostenüberschreitungen, Schadstoffemissionen oder selektive Erinnerungspolitik geht.

Architektur kann man ohnehin nicht ausstellen, lautet eine Prämisse. Kunst wiederum kann ohne Ausstellung im Grunde gar nicht wahrgenommen werden, so die andere Prämisse. Architektur verschwindet im Moment der Ausstellung, Kunst wiederum verschwindet, wenn sie nicht ausgestellt wird. Beides sind stereotype Vorstellungen, die den Status quo der Welt der Ausstellungen tragen und der Veränderung im Weg stehen. Zweifellos ist für Architektur die Ausstellung ebenso eine Herausforderung wie für Kunst die Platzierung im öffentlichen Raum. Aber gerade die Konfrontation mit dieser Herausforderung führt zu Veränderung und Erneuerung.

Anziehend sind Architekturausstellungen, weil hier derzeit das größere Potenzial der Veränderung liegt, während das Feld der Kunstausstellungen in Konventionen erstarrt ist. Die Biennalen in Venedig für Kunst – seit 1895 – und Architektur – seit 1980 – erlauben Jahr für Jahr einen direkten Vergleich der beiden Felder. Es stimmt, dass die beiden Biennalen sich zunehmend gleichen. Die Architekturbiennalen setzen auf unmittelbare Erfahrungen, immersive Szenografie und ikonische Exponate. Die Kunstbiennalen wiederum blicken auf Themen des Städtebaus, der Landschaft und der Infrastruktur. Der Spielraum in den Architekturausstellungen ist im letzten Jahrzehnt allerdings deutlich größer geworden als derjenige der Kunst. Er bietet Freiraum für experimentelle Formate, Vielfalt, neue Fragestellungen. Die Resultate sind unterschiedlich, manche Ausstellungen gelingen, andere wiederum scheitern an ihren Ansprüchen. Aber dies ist letztlich ein Zeichen der Dynamik und Offenheit einer sich entwickelnden Ausstellungspraxis. Die Karten liegen auf dem Tisch, die Experimente sind exponiert, sie können verworfen werden oder als Ausgangspunkt für neue Experimente dienen. In der Welt der Architektur werden Trends, Debatten, Fragen und Thesen in Venedig verhandelt. In der Welt der Kunst geht es eher um die Bestätigung des Bestehenden. Die Biennale steht, wenn man so will, im Schatten der Kunstmessen. In der Architektur zählt der Zugang zum Diskurs, in der Kunst der Zugang zum Kunstmarkt.

Die Architekturausstellungen sind nicht deshalb so erstrebenswert für Künstler*innen und Kunsthistoriker*innen, weil sie eine Erweiterung der Kunstausstellungen versprechen und neuen Grund erschließen. Anziehend ist vielmehr ihre Autonomie, ihre Eigengesetzlichkeit. Gerade weil sie keinem anderen Zweck, etwa dem Zugang zum Kunstmarkt, oder der Vermittlung eines Werkes dienen müssen, sind sie offen für unerwartete Fragen und neue Impulse. Diese Autonomie ist kostbar und fragil. Nicht nur für die Architektur, sondern auch für die Kunst gilt es sie zu schützen und zu nutzen.

Text: Philip Ursprung

Ex ponierte Experimente

Zum Verhältnis von Kunst- und Architekturausstellung

Will the architectural world pardon the fact that the Swiss Pavilion at the 18th International Architecture Exhibition in Venice was entrusted to an artist and an art historian? Has art not already been granted more than enough opportunities for representation at biennials, fairs, documenta, museums, galleries, off-spaces, catalogs, magazines? Why must it now appropriate one of the rare and precious opportunities that architecture has to present itself to the broader general public?

There is indeed an imbalance in the representation of art and architecture. The major art exhibitions continue to attract attention and funding. The boom in contemporary art is unabated. The art market grows by the day. Museums with private collections pop up like mushrooms as if there were no economic crisis. The bookstores are overflowing with exhibition catalogs, monographs, and treatises. Art theory is dynamic and ramified. Even the politicians rack their brains went it comes to documenta.

By contrast, no long queues form outside architecture exhibitions. There are no noteworthy new architectural institutions being founded. The market for architectural drawings that blossomed for a while has since wilted, and you can count the number of collectors on one hand. Architecture has no coherent theoretical body while the academic discourse does not appeal to the imagination of the general public. For politics, architecture is only of interest if the topic is the housing shortage, cost overshoots, toxic emissions, or selective remembrance politics.

After all, one cannot exhibit architecture, as one premise would have it. Art, for its part, can essentially not be perceived without being exhibited, so another premise. Architecture ceases to exist the moment it is exhibited, art in turn disappears if it is not exhibited. Both are stereotype notions that reflect the status quo in the world of exhibitions and stand in the way of change. Without doubt, for architecture, an exhibition is just as much a challenge as positioning in the public realm is for art. Yet it is precisely the confrontation with this challenge that leads to change and renewal.

Architectural exhibitions are attractive because, at present, they possess the greater potential for change, while the field of art exhibitions has ossified in convention. Year after year, the Venice Biennale—for art since 1895 and architecture since 1980—allow a direct comparison of the two. It is true that the two Biennales are growing ever more similar. The architecture Biennale increasingly relies on direct experiences, immersive scenography, and iconic exhibits. The art Biennale, for its part, addresses themes such as urban planning, the countryside, and infrastructure. However, the scope in architecture exhibitions has, in the course of the last decade, clearly become greater than that of the art shows. Much latitude is provided for experimental formats, diversity, new approaches. The outcomes are uneven, with some exhibitions being successful while others fail to meet their own expectations. But in the final instance this is a sign of the dynamism and openness of an exhibition practice that is still evolving. The possibilities are laid out on the table; the experiments are exhibited; they can be rejected or serve as the starting point for further experiments. In the world of architecture, trends, debates, questions, and hypotheses all get debated in Venice. In the world of art, the focus tends to be on affirming the extant. The Biennale stands, as it were, in the shadow of the art fairs. In architecture, what counts is access to the discourse; in art it is access to the art market.

What makes architecture exhibitions attractive for artists and art historians is less their promise to expand art exhibitions and stake out new territory, but rather their autonomy, the fact that they obey their own laws. Precisely because they do not have to serve another purpose—for example, to grant access to the art market or to explain a work—they remain open to unexpected questions and stimuli. This autonomy is precious and fragile. It must be protected and utilized, not only on behalf of architecture, but also on behalf of art.

Text: Philip Ursprung

Experiments on Display

The Relationship between Art and Architecture Exhibitions

Wenn Karin Sander Fotos ihrer *Kitchen Pieces* präsentiert – Früchte und Gemüse, die an eine weiße Wand geheftet sind – entsteht zunächst ein ähnlicher Effekt wie bei Karl Blossfeldts großartigen Aufnahmen von Blättern, Trieben, Stängeln und anderen Pflanzenteilen, die er in den 1920er-Jahren als Fotogravuren im Verlag Wasmuth mit einer Einleitung von Karl Nierendorf unter dem Titel *Urformen der Kunst* veröffentlicht hat. Ich bin begeistert von seiner sachlich-selektiven Fotografie, die die muskulöse Schönheit, die knappe Eleganz und die staunenswerten Geometrien dieser Naturphänomene als universelle Formen herausstellt. Auch die *Kitchen Pieces* werden zunächst als Objekte betrachtet und von jeglichem Kontext befreit. Die Küche ist nicht mehr ein Ort der schlichten Aufbewahrung, der Verarbeitung oder gar des Verzehrs, sondern der Dokumentation und Bewunderung. Zwiebeln und Salate sind nicht mehr Zutat zum Mittagessen, sondern sie werden zu exemplarischen Manifestationen der Natur. Im Gegensatz zu Blossfeldt werden bei Karin Sander die Objekte zwar erkennbar als dreidimensionale Dinge präsentiert – manchmal sogar mit einer Andeutung des Umraums –, aber dennoch wirkt jedes noch so banale Gemüse – im „White Cube" auf einen Nagel gespießt – wie ein Kult- oder Studienobjekt in einer naturwissenschaftlichen Sammlung. Im Gegensatz zu Spezimina wie zum Beispiel Schmetterlingen oder anderen Insekten, die quasi für die Ewigkeit mumifiziert und dokumentiert werden, sind Sanders Objekte jedoch dem natürlichen Lauf der Dinge überlassen.

So entdeckt man auf Fotos von den Früchten zum Beispiel schnell untrügliche Spuren eines einsetzenden Verfallsprozesses, die die Assoziation idealer Schönheit stören: im Supermarkt würde man diese Ware liegen lassen. Hat man das bemerkt, kommt man eigentlich nicht umhin, ihre Aufnahmen als Studien des Vergehens, des Alterns, der Entropie zu lesen. Was bei Blossfeldt als Phänomen einer ewig konstruktiven Kraft präsentiert wird, die der natürlichen und potenziell eben auch der gebauten Umwelt innewohnen solle, wird hier zur leicht melancholischen Beobachtung einer individuellen und eigenwilligen Schönheit des Vergehens.

Reparatur durch Entnahme

Die Parallelen zwischen den *Kitchen Pieces* und dem von Karin Sander und Philip Ursprung konzipierten Schweizer Pavillon auf der 18. Architekturbiennale in Venedig sind offensichtlich: Die Strategie, latent Vorhandenes durch Inszenierung überhaupt erst sichtbar zu machen, kommt auch in dieser Arbeit zum Einsatz. Zwei herausragende Länderpavillons – jeder für sich ein unabhängiges Universum – entdecken dank einer einfachen Intervention nach 50 Jahren mehr oder weniger leidenschaftsloser Koexistenz, dass sie interessante Nachbarn sind. Eine Öffnung in der Umfassungswand auf der Schweizer Seite gibt den Blick in den Binnenraum des Venezolanischen Pavillons frei. Die einfache Geste stellt eine Beziehung zwischen den beiden Solitären her und macht sie zum Gegenstand gegenseitiger Neugierde. Diese Maueröffnung ist wie der Nagel, der das Gemüse an der Wand befestigt; sie stellt Sichtbarkeit her und lädt zum Vergleich ein. Der eine Pavillon ist in sachlichem Mauerwerk, der andere in Sichtbeton gehalten, der eine ist horizontal, der andere vertikal ausgerichtet, der eine grenzt sich ab, der andere öffnet sich, der eine ist von Bruno Giacometti, der andere von Carlo Scarpa.

Beiden Bauten sind heute die Spuren der Zeit ins Gesicht geschrieben. Auf der Schweizer Seite ist die große Platane, die einst einen Gartenhof begründete, der Zeit zum Opfer gefallen. Es gibt nur noch einen Stumpf, der wie ein Mahnmal vergangener Jugend den Raum beherrscht. Die venezolanische Seite zeigt generell Spuren der Abnutzung und des Verlustes. Während der eine Pavillon liebevoll unterhalten und jedes Jahr wieder neu bestückt wurde, war der andere seit etwa einer Dekade weitgehend verlassen. Die Intervention auf der Schweizer Seite hat allerdings zu einer Reaktion geführt. Eine eilig zusammengestellte Ausstellung informiert über die Rekonstruktion einiger der großartigen Architekturen, die in Caracas etwa zeitgleich mit den Biennale-Pavillons entstanden sind.

Interessanterweise ist der Schweizer Eingriff das Gegenteil von Rekonstruktion und löst dennoch eine Art von Reparatur aus, die weitgehend in den Köpfen der Besucher*innen stattfindet. Die Transformation des Vorhandenen ist nicht das Resultat einer gebauten Intervention; das Neue wird durch einen Akt der Entnahme konstruiert. Das erinnert an Karin Sanders letzte Berliner Ausstellung bei Esther Schipper, bei der sie dem überraschten Publikum Transportkisten unterschiedlicher Größe präsentierte. Jede Kiste enthielt – unsichtbar – jeweils eine kleine Ausstellung von Werken der Künstlerin, die sich die Betrachter*innen vorzustellen hatten. Der Einsatz von VR-Brillen, die den Einstieg in einen virtuellen Galerieraum ermöglichten, musste die größten Frustrationen heilen, denn eigentlich war nichts zu sehen, aber dennoch vieles zu entdecken.

Text: Matthias Sauerbruch

Architek tur und Gem üse

When Karin Sander presents photos of her *Kitchen Pieces*, i.e., fruits and vegetables pinned to a white wall, their effect is at first somewhat akin to the one produced by Karl Blossfeldt's magnificent photographs of leaves, shoots, stems, and other parts of plants, as in the 1920s publication *Urformen der Kunst* (Protoforms of Art) with an introduction by Karl Nierendorf. I am enthralled by Blossfeldt's sober and selective photography, which presents the muscular beauty, the concise elegance, and the astonishing geometries of these natural phenomena as universal forms. The *Kitchen Pieces* likewise first appear as objects stripped of their context; the kitchen is no longer a place of simple storage, processing, or even consumption, but of documentation and adulation. Onions and lettuce are no longer just ingredients for lunch; they become exemplary manifestations of natural form. Even though, in Karin Sander's work, and in contrast to Blossfeldt, objects are recognizable as three-dimensional things, sometimes even with a hint of the surrounding space; every humble vegetable, impaled on a nail inside a "white cube," appears as an object in a scientific collection. Having said that, specimens such as butterflies or other insects of such collections are virtually mummified and preserved for eternity, while Sander's objects are left to follow the natural course of things.

Thus, one quickly discovers in her photographs of, say, fruit unmistakable hints of incipient decay that contradict the association of ideal beauty. In the supermarket, these goods would remain on the shelves. Once this realization sets in, one cannot help but read her photographs as studies of decay, aging, and entropy. What Blossfeldt presents as phenomena of an eternally constructive force inherent in the natural—and hopefully also the built—environment becomes a slightly melancholic observation on the individual and idiosyncratic beauty of decay.

Repair through Removal

The parallels between the *Kitchen Pieces* and the concept of the Swiss Pavilion designed by Karin Sander and Philip Ursprung at the 18th Architecture Biennale in Venice are obvious:

To stage seemingly hidden characteristics through a mise-en-scène is a shared strategy. Thanks to a simple intervention, two outstanding national pavilions—each an independent universe in its own right—discover that they are interesting neighbors after 50 years of more or less unemotional coexistence. An opening in the perimeter wall on the Swiss side provides a view toward the Venezuelan Pavilion. The simple gesture establishes a relationship between the two solitaries and turns both into objects of mutual curiosity. The opening between the pavilions is like the nail that fixes the vegetables to the wall. It creates visibility and invites comparison: One pavilion is made of simple masonry, the other of exposed concrete; one is horizontal, the other vertical; one closes itself off from its surroundings, the other opens up; one is by Bruno Giacometti, the other by Carlo Scarpa.

Today the marks of time are written on the faces of both buildings. On the Swiss side, the large plane tree that once gave cause to a garden courtyard has all but disappeared. What remains is a stump that dominates the space like a memorial to times passed. The Venezuelan side generally shows signs of wear and tear as well as loss. While one pavilion has been lovingly maintained and re-curated every year, the other one stood mostly abandoned for the better part of a decade. However, the intervention on the Swiss side for the 18th Architecture Biennale has led to a reaction. A quickly produced exhibition informs visitors about the reconstruction of some of the magnificent architecture that was built in Caracas around the same time as the Biennale's pavilions.

Interestingly, the Swiss intervention is the opposite of reconstruction, and yet it triggers a kind of repair that largely takes place in the minds of the visitors. The transformation of the existing is not the result of a built intervention; the new is constructed through an act of removal. This is reminiscent of Karin Sander's last exhibition at the Esther Schipper gallery in Berlin, where the surprised public was presented with a group of transport crates of different sizes. Each crate contained—invisibly—its own small exhibition of works by the artist, which the viewers had to imagine. The use of virtual reality goggles, which enabled entry into a virtual gallery space, was offered as a cure for the viewers' frustrations, as there was actually nothing to see but still a lot to discover.

The Anti-Rendering

There is solace to be found in the Swiss Pavilion, too: In the main exhibition space there is a large carpet into which the floor plans of the two pavilions are woven, as drawn by their authors. In the age of ubiquitous visuality, a floor plan is a challenge in itself. Visitors have to engage their imagination to visualize in three dimensions what the architects have drafted in parallel projection, reduced to scale. The floor

Text: Matthias Sauerbruch

A rchitecture and Veg etables

Das Anti-Rendering

Auch der Schweizer Pavillon bietet Trost: Im Hauptausstellungsraum liegt ein großer Teppich, in den die Grundrisse der beiden Pavillons eingewebt sind, so wie sie von ihren Autoren gezeichnet wurden. Ein Grundriss ist im Zeitalter ubiquitärer Visualität bereits eine Herausforderung. Denn der Besucher muss seine Fantasie bemühen, um sich das, was von den Architekten in Parallelprojektion und maßstäblicher Verkleinerung aufgerissen wurde, in drei Dimensionen vorzustellen. Dabei ist die Grundrisszeichnung eines der wichtigsten Instrumente des Planens überhaupt, denn sie ist nicht nur eine Instruktion an die Bauleute, wo die Wände zu stehen haben, sondern vor allem zeichnet sie auch die potentielle Choreografie des sozialen Verhaltens in dem jeweils dargestellten Raum vor – ein Umstand, der von den Besucher*innen des modifizierten Schweizer Pavillons im Maßstab 1:1 leicht nachvollzogen werden kann.

Mit ihrer Intervention eröffnen Sander und Ursprung der Fantasie jedoch den Raum jenseits der Planung. Der große gewebte Grundrissteppich erfüllt wohl seine klassische Aufgabe, die subtile Choreografie des neuen Raumkontinuums vor der Tür zu vergegenwärtigen; gleichzeitig lädt er den Besucher aber auch dazu ein, sich auf der weichen Wolle einfach niederzulassen. Das flauschige Material nimmt der präzisen Setzung der großen Architekten einiges an Wichtigkeit, und der weiße Teppich in dem lichten Raum verleitet zum Ausstrecken, Lümmeln, Herumrumrollen und Power-Nappen. Kinder und Erwachsene fühlen sich aufgefordert, Purzelbäume zu schlagen und über die Linien zu springen – alles Formen des Umgangs, die von den Architekten sicher nicht in den Grundriss eingeschrieben waren.

In diesem Sinne ist die von Karin Sander und Philip Ursprung konzipierte Ausstellung von bewusstseinserweiternder Ironie: Es wird nicht nur mit einem Augenzwinkern die Utopie einer lateinamerikanisch-helvetischen Völkerfreundschaft vorgetragen – hervorgerufen von zufälliger Proximität der beiden Pavillons in den Giardini –, sondern auch jeder Selbstherrlichkeit der Profession der Teppich unter den Füßen ausgetauscht.

Und das ist vielleicht die vegetal-architektonische Essenz der vorliegenden Ausgabe von ARCH+. Der durchlöcherte Schweizer Pavillon erfährt – wie die aufgespießte Rote Bete auch – durch minimale künstlerische Eingriffe eine Reinkarnation oder wenigstens eine neue Lesart. Dabei werden die Erwartungen an seriöse Kunst (ganz ehrlich – wer nagelt sich denn Gemüse an die Wand?) wie an staatstragende Architektur (ein Kinderteppich im Land des Brutalismus?) enttäuscht und gleichzeitig befreit. Was bleibt, ist der frische Blick auf das Potential und die Grenzen architektonischer Praxis, verbunden mit einer subtilen Ermutigung zum konstruktiven Ungehorsam und dem Plädoyer für die Entdeckung der oft latenten und surrealen Schönheit des Alltags.

plan is one of the most important architectural planning instruments of all, because it is not only an instruction to the builders as to where the walls should be positioned, but above all an outline of the potential choreography of social behavior in the space projected—a fact that can be easily retraced in 1:1 scale by visitors to the modified Swiss Pavilion.

With their intervention, however, Karin Sander and Philip Ursprung open up a space for the imagination that goes beyond planning. The large woven floor-plan carpet probably fulfills its classic task of helping to revisualize the subtle choreography of the renewed spatial continuum that lies at the doorstep, but, at the same time, it also invites visitors to simply settle down on the soft wooly blanket. The fluffy material takes away some of the importance of the hero-architects' precise set-up. Instead, the white carpet in the light-flooded room beckons visitors to stretch out, lounge, roll around, and power nap. Children and adults alike feel encouraged to try somersaults and jump over the lines on the floor—all forms of interaction that the architects certainly didn't inscribe into their plan.

In this sense, the exhibition designed by Karin Sander and Philip Ursprung is of mind-expanding irony: They not only put forward—albeit with a grain of salt—the utopia of a Latin-American–Helvetic friendship caused by the accidental proximity of their pavilions in the Giardini, but they also pull the rug from under the feet of any self-important professional.

And that is perhaps also the vegetal–architectural essence of this issue of ARCH+. The perforated Swiss Pavilion—just like the impaled beet—is undergoing some reincarnation or at least a recoding caused by minimal artistic interventions. Expectations of "serious" art (honestly, who nails vegetables to the wall?) or representative architecture (a children's carpet in the land of brutalist architecture?) are being disappointed and liberated at the same time. What remains is a fresh look at the potential and the limits of the architectural practice, combined with a tacit encouragement for constructive disobedience and a plea for the discovery of the often-latent and surreal beauty of everyday life.

SWISS PAVILION
ASK ME !

Neigh

ACQUA
POTABILE

VENEZUELA

IZZERA

PIANTA
1:100

SALA DISEGNI
SALA MAGGIORE

ENTRATA
ALBERO ESISTENTE
VENEZIANA

prohelvetia
Neighbours
VIALE
DI VENEZIA
CORTILE PER

ARTE GRAFICHE
SOFFITTO CALCESTRUZZO
MURI RIVESTITI CON LEGNO
PAVIMENTO ALLA VENEZIANA
+ 50
VOLTA IN CALCESTRUZZO A FACCIA VISTA ALLA VENEZIANA
ALBERO ESISTENTE
8.75

SALA DISEGNI
8.00
8.80

LE D'ARTE INTERNAZIO
NUOVO PADIGLIONE SVIZZERO
SCALA 1:1

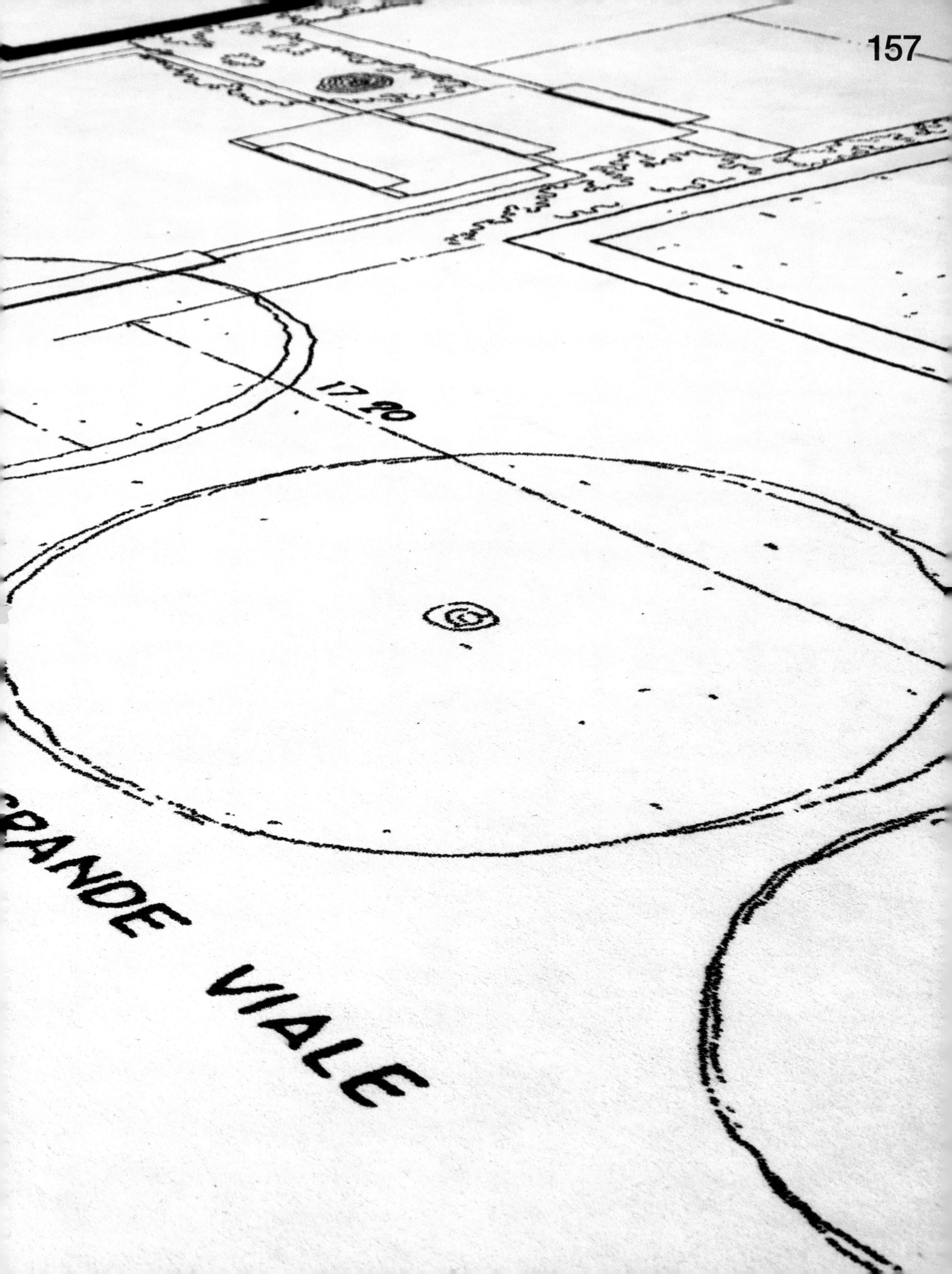
17.20
RANDE VIALE

Karin Sander
(* 1957 in Bensberg, Deutschland) lebt und arbeitet in Berlin und Zürich. Ihre künstlerische Praxis hinterfragt gegebene Situationen in Bezug auf ihre strukturellen, sozialen und historischen Kontexte und macht diese durch den Einsatz verschiedener Medien sichtbar. Mit ihren Installationen, architektonischen Interventionen und Skulpturen inszeniert sie Orte und schafft neue Codes für bestehende Systeme und Ordnungen. Ihre Arbeiten wurden in zahlreichen Einzel- und Gruppenausstellungen sowie auf internationalen Biennalen gezeigt und sind in vielen Sammlungen und Museen weltweit vertreten, dazu gehören auch permanent im öffentlichen Raum installierte Werke. Im Jahr 1999 erhielt sie eine Professur an der Kunsthochschule Berlin-Weißensee, von 2007 bis 2023 hatte sie die Professur für Architektur und Kunst an der ETH Zürich inne. Seit 2007 ist sie Mitglied und seit 2021 Direktorin der Sektion Bildende Kunst an der Akademie der Künste, Berlin. Zusammen mit Philip Ursprung vertrat sie 2023 die Schweiz auf der 18. Architekturbiennale in Venedig.
(born 1957 in Bensberg, Germany) lives and works in Berlin and Zurich. Her artistic practice questions given situations in relation to their structural, social, and historical contexts, making them visible through the use of various media. With her installations, architectural interventions, and sculptures, she stages and creates new codes for existing systems, spaces, and orders. Her works have been shown in numerous solo and group exhibitions as well as international biennials and are represented in collections worldwide, including permanent installations in public spaces. In 1999 Sander received a professorship at the Weissensee Academy of Art Berlin, and was Chair of Architecture and Art at ETH Zurich from 2007 to 2023. Elected as a member of the Visual Arts Section at the Akademie der Künste, Berlin, in 2007, Sander has been the section's director since 2021. Together with Philip Ursprung she represented Switzerland at the 18th Venice Architecture Biennale in 2023.

Marc Angélil
ist Architekt und Stadtplaner bei agps architecture mit Büros in Los Angeles, Zürich und Prag. Er war 2021 und 2022 Gastprofessor für Architektur und Städtebau an der Harvard Graduate School of Design und ist emeritierter Professor der ETH Zürich, wo er von 1994 bis 2019 lehrte. In seinem gemeinsam mit Cary Siress verfassten Buch *Mirroring Effects – Tales of Territory* (2019) untersuchte er die heutigen sozial-räumlichen Auswirkungen der entwicklungsgetriebenen Urbanisierung auf lokale Lebensräume in verschiedenen Weltregionen.
is an architect and urban designer at agps architecture, a practice with offices in Los Angeles, Zurich, and Prague. He was Visiting Professor of Architecture and Urban Design at the Harvard Graduate School of Design in 2021 and 2022 and is Professor Emeritus at ETH Zurich where he taught from 1994 to 2019. His publication *Mirroring Effects: Tales of Territory* (2019), written with Cary Siress, explores the socio-spatial impact of development-led urbanization on local habitats in different world regions today.

Marius Babias
lebt als Kurator, Kunsttheoretiker und Hochschuldozent in Berlin und ist Direktor des Neuen Berliner Kunstvereins (n.b.k.). 2005 war er Kommissar des Rumänischen Pavillons der 51. Kunstbiennale in Venedig, von 2001 bis 2003 Künstlerischer Co-Leiter der Kokerei Zollverein | Zeitgenössische Kunst und Kritik in Essen. 1997 bis 2008 hatte Babias Gastprofessuren für Kunsttheorie und Kunstvermittlung an der Universität der Künste in Berlin, an der Städelschule in Frankfurt a. M. und am Center for Contemporary Art Kitakyushu in Japan inne. 1996 erhielt Babias den Carl-Einstein-Preis für Kunstkritik. Er ist Herausgeber und Autor zahlreicher Publikationen und Ausstellungskataloge zur Gegenwartskunst und zur Kunsttheorie.
lives and works as a curator and art theorist in Berlin and is the director of Neuer Berliner Kunstverein (n.b.k.). In 2005 he was commissioner of the Romanian Pavilion at the 51st Venice Art Biennale and artistic codirector of Kokerei Zollverein | Zeitgenössische Kunst und Kritik in Essen from 2001 to 2003. From 1997 to 2008 he was visiting professor at Universität der Künste in Berlin, at Städelschule in Frankfurt am Main, and at the Center for Contemporary Art Kitakyushu in Japan. In 1996 he won the Carl Einstein Award for Art Criticism. Babias is also the editor and author of numerous publications and exhibition catalogs on contemporary art and art theory.

Tobias Becker
(* 1979) studierte Freie Kunst an der Kunsthochschule Berlin Weißensee und der Bezalel Academy of Fine Arts and Design in Jerusalem sowie Visual and Media Anthropology an der Freien Universität Berlin. Ab 2013 war er Programmkoordinator des Lehrstuhls für Architektur und Kunst an der ETH Zürich und Dozent für „Ortsanthropologische Strategien" sowie „Künstlerisches Denken und Handeln". 2018/19 hatte er einen Lehrauftrag für „Medien und Orte" an der Zürcher Hochschule der Künste. Becker war Projektleiter für die Ausstellung *Neighbours* von Karin Sander und Philip Ursprung im Schweizer Pavillon auf der 18. Architekturbiennale in Venedig 2023 und ist derzeit als Projektleiter und wissenschaftlicher Mitarbeiter bei Weeber+Partner, Institut für Stadtplanung und Sozialforschung, in Berlin tätig.
(born 1979) studied Fine Arts at Weissensee Academy of Arts Berlin and Bezalel Academy of Fine Arts and Design in Jerusalem, as well as Visual and Media Anthropology at Freie Universität Berlin. From 2013 he was program coordinator and lecturer at the Chair of Architecture and Art at ETH Zurich and lecturer for "Placemaking Strategies" and "Artistic Thinking and Practice." In 2018–19 he taught "Media and Places" at Zurich University of the Arts. Becker was the project manager for the Swiss contribution *Neighbours* by Karin Sander and Philip Ursprung at the 18th Venice Architecture Biennale 2023 and is currently project leader and research fellow at Weeber+Partner, Institut für Stadtplanung und Sozialforschung in Berlin.

Elke Bippus
ist Professorin für Kunsttheorie, Kunstgeschichte und im Co-Teaching für Praxis in Fine Arts an der Zürcher Hochschule der Künste. In ihren Forschungen beschäftigt sie sich mit Fragen der Repräsentation, mit dem Verhältnis von Ästhetik und Politik, mit Kunst als de-hierarchisierender und feministischer Praxis der Kritik. In ihrem jüngsten Forschungsprojekt widmete sie sich einer *Teilhabenden Kritik als transformierendes und transversales „Mit"* im Rahmen der Forscher*innengruppe „Mediale Teilhabe. Partizipation zwischen Anspruch und Inanspruchnahme".
is Professor of Theory and History of Art and coteacher at the Departement Fine Arts at Zurich University of the Arts. In her research, she deals with questions of representation, the relationship between aesthetics and politics, art as a counter-hierarchical and feminist practice of critique. In her most recent research project, she dedicated herself to participatory critique as a transformative and transversal "with" as part of the research group "Media and Participation. Between Demand and Entitlement."

Beatriz Colomina
ist Architekturhistorikerin und -theoretikerin. Sie ist Howard-Crosby-Butler-Professorin für Architekturgeschichte und -theorie an der Princeton University School of Architecture, wo sie den interdisziplinären Studiengang Media and Modernity gründete und leitet und dem Graduiertenstudium vorsteht. Zu ihren Publikationen zählen *Radical Pedagogies* (2022), *X-Ray Architecture* (2019), *Are We Human? Notes on an Archeology of Design* (2016), *The Century of the Bed* (2015), *Manifesto Architecture – The Ghost of Mies* (2014), *Clip/Stamp/Fold – The Radical Architecture of Little Magazines 196X–197X* (2010), *Domesticity at War* (2007), *Privacy and Publicity – Modern Architecture as Mass Media* (1994) und *Sexuality and Space* (1992).
is an architectural historian and theorist. She is the Howard Crosby Butler Professor of History and Theory at the Princeton University School of Architecture. She is the founder and director of the interdisciplinary program in Media and Modernity and the director of graduate studies. Her books include *Radical Pedagogies* (2022), *X-Ray Architecture* (2019), *Are We Human? Notes on an Archeology of Design* (2016), *The Century of the Bed* (2015), *Manifesto Architecture: The Ghost of Mies* (2014), *Clip/Stamp/Fold: The Radical Architecture of Little Magazines 196X–197X* (2010), *Domesticity at War* (2007), *Privacy and Publicity: Modern Architecture as Mass Media* (1994), and *Sexuality and Space* (1992).

Michael Hagner
ist Professor für Wissenschaftsforschung an der ETH Zürich. Seine Forschungsinteressen liegen in der Geschichte der Humanwissenschaften, dem Verhältnis von Wissenschaft und Demokratie, der Geschichte der Fotografie und der Visualisierung in den Wissenschaften sowie der Buchgeschichte. Gegenwärtig arbeitet er an einem kurzen Buch über Tel Aviv. Zuletzt erschien *Foucaults Pendel und wir – Anlässlich einer Installation von Gerhard Richter* (2021).
is Professor of Science Studies at ETH Zurich. His research interests include the history of the human sciences, the relationship between science and democracy, the history of photography and visualization in the sciences, and the history of books. He is currently working on a short book about Tel Aviv. His latest book is *Foucaults Pendel und wir: Anlässlich einer Installation von Gerhard Richter*, Cologne, 2021.

Melissa Makele
(* 1989) ist Redakteurin der ARCH+. Sie studierte Architektur und Kunstgeschichte am KIT in Karlsruhe und als Gaststudentin an der HfG Karlsruhe. Nach ihrem Studium war sie unter anderem für Atelier Bow-Wow und Studio Velocity in Japan tätig. 2022 war sie Berlin-Stipendiatin an der Akademie der Künste, Berlin. Sie war Co-Kuratorin des deutschen Beitrags *Open for Maintenance* auf der 18. Architekturbiennale in Venedig 2023.
(born 1989) is an editor at ARCH+. She studied architecture and art history at KIT Karlsruhe and was a guest student at HfG Karlsruhe. After her studies, she worked at offices including Atelier Bow-Wow and Studio Velocity in Japan. In 2022, she was a Berlin Stipend recipient at Akademie der Künste in Berlin. She co-curated *Open for Maintenance*, the German contribution to the 18th Venice Architecture Biennale 2023.

Eva Menasse
(* 1970) ist Schriftstellerin. Gemeinsam mit Deniz Yücel ist sie derzeit Sprecherin der Schriftstellervereinigung PEN Berlin. Zu ihren Büchern zählen *Vienna* (2005), *Quasikristalle* (2013), *Tiere für Fortgeschrittene* (2017), *Dunkelblum* (2021), und zuletzt *Alles und nichts sagen – Vom Zustand der Debatte in der Digitalmoderne* (2023). Sie erhielt zahlreiche Auszeichnungen, darunter der Heinrich-Böll-Preis (2013), Friedrich-Hölderlin-Preis (2017) und Ludwig-Börne-Preis (2019). Seit 2022 ist sie Mitglied der Akademie der Künste in Berlin.
(born 1970) is a writer. Together with Deniz Yücel she is currently spokesperson of the writers' association PEN Berlin. Her books include *Vienna* (2005), *Quasikristalle* (2013), *Tiere für Fortgeschrittene* (2017), *Dunkelblum* (2021), and recently *Alles und nichts sagen: Vom Zustand der Debatte in der Digitalmoderne* (2023). She received numerous awards, including the Heinrich Böll Award (2013), the Friedrich Hölderlin Award (2017) and the Ludwig Börne Award (2019). Since 2022 she has been a member of the Akademie der Künste, Berlin.

Anh-Linh Ngo
(* 1974) ist Architekturtheoretiker, Kurator und Mitherausgeber von ARCH+. Er kuratiert mit ARCH+ regelmäßig Ausstellungs- und Forschungsprojekte wie *projekt bauhaus* (2015–2019), *Cohabitation* (2021) und *The Great Repair* (2023/24). Von 2010 bis 2016 war er Mitglied des Kunstbeirats des Instituts für Auslandsbeziehungen (ifa), für das er die Tourneeausstellungen *An Atlas of Commoning* (2018) und *Post-Oil City* (2009) entwickelte und co-kuratierte. Er ist aktuell Mitglied des Kuratoriums der IBA 2027 StadtRegion Stuttgart und der Akademie Schloss Solitude sowie Beiratsmitglied des Goethe-Instituts. Seit 2022 ist er Mitglied der Akademie der Künste, Berlin. Er war Co-Kurator des Deutschen Pavillons auf der 18. Architekturbiennale in Venedig 2023.
(born 1974) is an architectural theorist, curator, and editor-in-chief of ARCH+. He regularly curates exhibitions

and research projects with ARCH+, including *projekt bauhaus* (2015–19), *Cohabitation* (2021), and *The Great Repair* (2023–24). From 2010 to 2016, he was a member of the art advisory council at the Institut für Auslandsbeziehungen (ifa), for which he developed and co-curated the traveling exhibitions *An Atlas of Commoning* (2018) and *Post-Oil City* (2009). He is currently a member of the board of trustees of IBA 2027 StadtRegion Stuttgart, the board of trustees of Akademie Schloss Solitude, and the Goethe-Institut's advisory council. Since 2022 he has been a member of the Akademie der Künste, Berlin. He was a co-curator of the German Pavilion at the 18th Venice Architecture Biennale 2023.

Letizia Ragaglia

(* 1969) studierte Philosophie, Museologie und zeitgenössische Kunst an der Università degli studi di Bologna und der Università degli studi di Firenze sowie an der École du Louvre und der Sorbonne in Paris. Von 2009 bis Mai 2020 war sie Direktorin des Museion in Bozen, seit Juli 2021 ist sie Direktorin des Kunstmuseums Liechtenstein.

(born 1969) majored in philosophy, museology, and contemporary art at the Università degli studi di Bologna and the Università degli studi di Firenze as well as at the École du Louvre and the Sorbonne in Paris. From 2009 to May 2020 she was the director of the Museion in Bolzano and has been, since July 2021, the director of Kunstmuseum Liechtenstein.

Matthias Sauerbruch

ist mit Louisa Hutton Gründungspartner und Teil der Geschäftsführung des Architekturbüros sauerbruch hutton in Berlin. Zudem war er 16 Jahre Hochschullehrer an diversen Hochschulen im Vereinigten Königreich, Deutschland und den USA. Seine Arbeit befasst sich mit dem Wandel der Stadtlandschaft in Zeiten des Klimawandels. Er interessiert sich für Schnittstellen zwischen Kunst und Architektur.

is, together with Louisa Hutton, founding partner and executive of the Berlin-based architectural office sauerbruch hutton. He was a university lecturer for 16 years at various universities in the UK, Germany, and the US. His work focuses on the transformation of the urban landscape in times of climate change. He is interested in the intersection of art and architecture.

Regina Schmeken

(* 1955) ist Künstlerin. Ihre Fotografien befinden sich u. a. in den Sammlungen des MoMA in New York, der Bibliothèque Nationale de France, des Deutschen Bundestages, sowie des Lenbachhauses und der Pinakothek der Moderne in München. Ihre Ausstellung *Die neue Mitte* war mit dem Goethe-Institut auf Welttournee. Viel Aufmerksamkeit erhielt ihre Bildserie zu den Tatorten des NSU, die 2017 auch im Martin-Gropius-Bau in Berlin gezeigt wurde. 1978 erhielt sie den Prix de la critique der Rencontres internationales de la photographie in Arles, sowie 1996 den Dr. Erich-Salomon-Preis der Deutschen Gesellschaft für Photographie (DGPh). 2021 war sie Stipendiatin der Deutschen Akademie Villa Massimo in Rom.

(born 1955) is an artist. Her photographs are part of the collections of the MoMA in New York, the Bibliothèque Nationale de France, the German Bundestag, as well as Lenbachhaus and Pinakothek der Moderne in Munich. Her exhibition *Die neue Mitte*, together with Goethe-Institut, toured worldwide. She received widespread recognition for her photo series on the right-wing terrorist group NSU's crime scenes, which was also on view at Martin-Gropius-Bau in Berlin in 2017. In 1978, she received the Prix de la critique at the Rencontres internationales de la photographie in Arles, and in 1996 the Dr. Erich Salomon Award of the German Photographic Society (DGPh). In 2021, Schmeken was a fellow of Deutsche Akademie Villa Massimo in Rome.

Cary Siress

ist Senior Researcher bei gravity, einer Agentur für strategisches Design mit dem Anspruch, einen echten Wandel darin herbeizuführen, wie die Welt gestaltet und wie auf ihr gelebt wird. Er absolvierte ein Masterstudium an der Columbia University und ein PhD-Programm an der ETH Zürich. Siress ist Architekt und Stadtplaner und war Designprofessor an diversen Universitäten und Forschungseinrichtungen in Europa und Asien. Seine Forschungsarbeit zur Rolle des globalisierten Kapitalismus als treibende Kraft der weltweiten Urbanisierung floss in das Buch *Mirroring Effects – Tales of Territory* (2019), das er zusammen mit Marc Angélil verfasste, mit ein.

is senior researcher at gravity, a strategic design agency aiming to make real change in how the world is made and lived. With a master's degree from Columbia University and a PhD from ETH Zurich, he is an architect and urban designer, and has served as a design professor at universities and research institutions in Europe and Asia. His research on the role of globalized capitalism in driving planetary urbanization was published in *Mirroring Effects: Tales of Territory* (2019), coauthored with Marc Angélil.

Bettina Steinbrügge

ist Generaldirektorin des Mudam – Musée d'Art Moderne Grand-Duc Jean in Luxemburg. Sie leitete zuvor die Halle für Kunst Lüneburg und den Kunstverein in Hamburg, war Seniorkuratorin und Sammlungsleiterin für zeitgenössische Kunst am Belvedere 21 in Wien und Kuratorin an der Kunsthalle Mulhouse. Sie hatte an der HFBK in Hamburg eine Professur inne und unterrichtete an der HEAD Genf im postgradualen Studiengang. Im Bereich der Filmkunst war sie Co-Kuratorin des *Forum Expanded* der Internationalen Filmfestspiele Berlin (Berlinale). Sie publiziert regelmäßig zu Fragen der zeitgenössischen Kunst und ist im Vorstand der Villa Romana in Florenz und der Hans-Platschek-Stiftung in Hamburg.

is the director of Mudam – Musée d'Art Moderne Grand-Duc Jean in Luxembourg. She previously directed Halle für Kunst Lüneburg and the Kunstverein in Hamburg, was a senior curator and head of the contemporary arts collection at Belvedere 21 in Vienna, and a curator at Kunsthalle Mulhouse. She held a professorship at the HFBK Academy of Fine Arts in Hamburg and taught a postgraduate course at Geneva University of Art and Design. In the field of film, she was co-curator of the *Forum Expanded* section at the Berlin International Film Festival (Berlinale). She publishes regularly on issues relating to contemporary art and is a member of the board of Villa Romana in Florence and the Hans Platschek Foundation in Hamburg.

Sassa Trülzsch

ist Kuratorin in den Bereichen Bildende Kunst, Architektur und Destinationen. In Zusammenarbeit mit Autor*innen, Institutionen und Unternehmen entwickelt sie Konzepte für die räumliche Umsetzung von spezifischem Wissen. 2023 war sie Managing Curator des Schweizer Beitrags *Neighbours* von Karin Sander und Philip Ursprung während der 18. Architekturbiennale in Venedig.

is a curator in the fields of visual arts, architecture, and destinations. In collaboration with authors, institutions and companies, she develops concepts for the spatial realization of specific knowledge. In 2023, she was Managing Curator of the Swiss contribution *Neighbours* by Karin Sander and Philip Ursprung at the 18th Venice Architecture Biennale.

Philip Ursprung

(* 1963) ist Kunsthistoriker und spezialisiert auf europäische und nordamerikanische Kunst und Architektur des späten 20. und 21. Jahrhunderts. Seine Forschung und Lehre konzentrieren sich auf die Wechselbeziehung zwischen Architektur und Kunst in einem politischen und wirtschaftlichen Rahmen. Er ist als Historiker, Kritiker und Kurator tätig und hat u. a. an der Universität Zürich, der Hochschule der Künste Berlin, der Columbia University New York und dem Barcelona Institute of Architecture gelehrt. Er ist Professor für Kunst- und Architekturgeschichte an der ETH Zürich, wo er das Architekturdepartement von 2017 bis 2019 als Vorsteher leitete. Gemeinsam mit Karin Sander konzipierte er 2023 die Ausstellung *Neighbours* im Schweizer Pavillon auf der 18. Architekturbiennale in Venedig.

(born 1963) is an art historian specializing in late-20th- and 21st-century European and North American art and architecture. His research and teaching focus on the interrelation between architecture and art in a political and economic framework. Working as a historian, critic, and curator, Ursprung has taught at the University of Zurich, Hochschule der Künste Berlin, Columbia University, and the Barcelona Institute of Architecture. He is a professor of History of Art and Architecture at ETH Zurich, Switzerland, where he was dean of the Architecture Department from 2017 to 2019. Together with Karin Sander, he conceived the exhibition *Neighbours* in the Swiss Pavilion at the 18th Venice Architecture Biennale.

Harry Walter

ist Künstler, Autor und Mitbegründer der Künstlergruppen *ABR-Stuttgart* und *Begleitbüro SOUP (Stuttgarter Observatorium urbaner Phänomene)*. Er hat zahlreiche Projekte, Ausstellungen und Publikationen im Grenzland zwischen Kunst, Literatur und Philosophie realisiert. Walters jüngste Publikation *Bilder knistern* erschien 2022 im Schlaufen Verlag Berlin.

is an artist, author, and cofounder of the artist groups ABR-Stuttgart and Begleitbüro SOUP (Stuttgart Observatory of Urban Phenomena). He has realized numerous projects, exhibitions, and publications in the borderland between art, literature, and philosophy. Walter's most recent book *Bilder knistern* was published in 2022 by Schlaufen Verlag Berlin.

Harald Welzer

ist Soziologe und Sozialpsychologe, Mitbegründer und Direktor von FUTURZWEI–Stiftung Zukunftsfähigkeit, sowie ständiger Gastprofessor für Sozialpsychologie an der Universität St. Gallen. Er leitet das Norbert Elias Center for Transformation Design an der Europa-Universität Flensburg und hat zahlreiche Bücher zu gesellschaftspolitischen Fragen und Texte zur Kunst geschrieben, unter anderem *Klimakriege–Wofür im 21. Jahrhundert getötet wird*, *Selbst denken–Eine Anleitung zum Widerestand, Alles könnte anders sein–Eine Gesellschaftsutopie für freie Menschen, Nachruf auf mich selbst–Die Kultur des Aufhörens,* zuletzt *Die vierte Gewalt* (mit Richard David Precht) sowie *Zeitenende–Politik ohne Leitbild*, alle erschienen im S.-Fischer-Verlag. Daneben ist er Herausgeber von *taz FUTURZWEI – Magazin für Zukunft und Politik*. Die Bücher von Harald Welzer sind in 22 Sprachen erschienen.

is a sociologist and social psychologist, cofounder and director of FUTURZWEI–Stiftung Zukunftsfähigkeit, and permanent visiting professor for social psychology at the University of St. Gallen. He heads the Norbert Elias Center for Transformation Design at Europa-Universität Flensburg and has written numerous texts on art and books on socio-political topics, including *Climate Wars: What People Will Be Killed For in the 21st Century; Selbst denken: Eine Anleitung zum Widerstand; Alles könnte anders sein: Eine Gesellschaftsutopie für freie Menschen; The Culture of Stopping;* and most recently *Die Vierte Gewalt* (with Richard David Precht) and *Zeitenende: Politik ohne Leitbild*. He is also the editor of the magazine *taz FUTURZWEI* on the future and politics. Harald Welzer's books have been published in 22 languages.

Mark Wigley

ist Historiker und Theoretiker und arbeitet an der Schnittstelle von Architektur, Kunst, Philosophie, Kultur und Technologie. Er ist Professor für Architektur und emeritierter Dekan der Columbia University Graduate School of Architecture, Planning and Preservation. Zu seinen jüngsten Büchern zählen *Konrad Wachsmann's Television – Post-architectural Transmissions* (2020), *Passing Through Architecture – The 10 Years of Gordon Matta-Clark* (2019), *Cutting Matta-Clark – The Anarchitecture Project* (2018), *Are We Human? Notes on an Archaeology of Design* (2016, mit Beatriz Colomina) und *Buckminster Fuller Inc. – Architecture in the Age of Radio* (2015).

is a historian and theorist who explores the intersection of architecture, art, philosophy, culture, and technology. He is Professor of Architecture and Dean Emeritus of Columbia University's Graduate School of Architecture, Planning and Preservation. His recent books include *Konrad Wachsmann's Television: Post-architectural Transmissions* (2020); *Passing Through Architecture: The 10 Years of Gordon Matta-Clark* (2019); *Cutting Matta-Clark: The Anarchitecture Project* (2018); *Are We Human? Notes on an Archaeology of Design* (2016, with Beatriz Colomina); and *Buckminster Fuller Inc.: Architecture in the Age of Radio* (2015).

Coverbild / Cover image:
Erdbeere / Strawberry,
Photo: © Studio Karin Sander

Umklapper / Inside cover flap:
Karin Sander: *Alle Adjektive zu Wand aus Wikipedia*, Stand: 14.02.2024
Karin Sander: *All Adjectives from Wikipedia on Wall*, February 20, 2024

Schweizer Pavillon / Swiss Pavilion,
Photo: © Jens Ziehe

Kitchen Pieces
Teil / Part 1

9: Ausstellungsansicht / Installation view Kunst Museum Winterthur, 2018, Photo: © Andrea Rossetti

10: *Cherimoya*, Photo: © Studio Karin Sander
11: *Grünkohl / Kale*, Photo: © Martin Lauffer

12: *Chili*, Photo: © Studio Karin Sander (Sammlung / Collection Philippe Rizzo, Brüssel / Brussels)
13: *Orange*, Photo: © Studio Karin Sander

14: *Grenadilla*, Photo: © Studio Karin Sander
15: *Zwiebel, rot / Onion, Red*, Photo: © Studio Karin Sander

16: *Spaghettikürbis / Spaghetti Pumpkin*, Photo: © Studio Karin Sander
17: *Rhabarber / Rhubarb*, Photo: © Vigfús Birgisson

18: *Rettich, blaufleischig / Radish, Blue*, Photo: © Studio Karin Sander
19: *Pampelmuse*, Photo: © Studio Karin Sander

20: *Cedro*, Photo: © Studio Karin Sander
21: *Brechbohne / Bean*, Photo: © Studio Karin Sander

22: *Eichblattsalat / Oak Leaf Lettuce*, Photo: © Studio Karin Sander
23: *Süßkartoffel / Sweet Potato*, Photo: © Andrea Rossetti (Sammlung / Collection Stadler, München / Munich)

24: *Yamswurzel / Yam Root*, Photo: © Studio Karin Sander
25: *Trauben, rot / Grapes, Red*, Photo: © Studio Karin Sander

26: *Kohlrabi, violett / Kohlrabi, Violet*, Photo: © Vigfús Birgisson
27: *Birne / Pear*, Photo: © Andrea Rossetti (Privatsammlung / Private collection Stuttgart)

28: *Schalotte / Shalott*, Photo: © Studio Karin Sander
29: *Physalis*, Photo: © Studio Karin Sander (Privatsammlung / Private collection Köln / Cologne)

30: *Thai-Aubergine / Thai Eggplant*, Photo: © Studio Karin Sander
31: *Wirsing / Savoy Cabbage*, Photo: © Studio Karin Sander (Sammlung / Collection Hans Dieter Huber, Hannelore Paflik-Huber, Berlin)

32: *Karotte, gelb / Carrot, Yellow*, Photo: © Studio Karin Sander
33: *Zucchini, gelb / Zucchini, Yellow*, Photo: © Studio Karin Sander

34: *Rambutan*, Photo: © Studio Karin Sander
35: *Rotkohl / Red Cabbage*, Photo: © Studio Karin Sander

36: *Knoblauch / Garlic*, Photo: © Vigfús Birgisson (Sammlung / Collection Helga de Alvear, Madrid)
37: *Orange*, Photo: © Studio Karin Sander

38: *Süßkartoffel / Sweet Potato*, Photo: © Vigfús Birgisson (Sammlung / Collection Stadler, München / Munich)
39: *Brechbohne / Bean*, Photo: © Studio Karin Sander

40: *Palmkohl / Palm Cabbage*, Photo: © Studio Karin Sander
41: *Cherrytomate, orange / Cherry Tomato, Orange*, Photo: © Martin Lauffer

42: *Shiitake*, Photo: © Andrea Rossetti
43: *Kakaofrucht / Cocoa Fruit*, Photo: © Studio Karin Sander

44: *Pak Choi*, Photo: © Studio Karin Sander
45: *Quitte / Quince*, Photo: © Studio Karin Sander

46: *Passionsfrucht / Passion Fruit*, Photo: © Studio Karin Sander
47: *Lollo Bianco*, Photo: © Vigfús Birgisson

48: *Brokkoli / Broccoli*, Photo: © Andrea Rossetti
49: *Apfel / Apple*, Photo: © Andrea Rossetti (Sammlung / Collection Carolina Nitsch, New York)

50: *Lauchzwiebel / Spring Onion*, Photo: © Andrea Rossetti (Sammlung / Collection München / Munich)
51: *Kurkuma / Turmeric*, Photo: © Studio Karin Sander

52: *Kumquat*, Photo: © Studio Karin Sander
53: *Wirsing / Savoy Cabbage*, Photo: © Studio Karin Sander (Sammlung / Collection Hans Dieter Huber, Hannelore Paflik-Huber, Berlin)

54: *Spitzpaprika / Pointed Pepper*, Photo: © Studio Karin Sander
55: *Kopfsalat / Lettuce*, Photo: © Studio Karin Sander

56: *Kaki*, Photo: © Andrea Rossetti
57: *Karotte / Carrot*, Photo: © Studio Karin Sander (Sammlung / Collection Marc Angélil & Sarah Graham, Zürich / Zurich / Los Angeles)

58: *Ingwer / Ginger*, Photo: © Andrea Rossetti (Privatsammlung / Private collection Stuttgart)
59: *Pastinake / Parsnip*, Photo: © Studio Karin Sander

60: *Honigmelone / Honey Melon*, Photo: © Studio Karin Sander
61: *Mais / Corn*, Photo: © Studio Karin Sander (Privatsammlung / Private collection Stuttgart)

62: *Karotte, violett / Carrot, Violet*, Photo: © Studio Karin Sander
63: *Johannisbeere, rot / Red Currant Panicle*, Photo: © Studio Karin Sander (Sammlung / Collection Mike Guyer, Zürich / Zurich)

64: *Drachenfrucht / Dragon Fruit*, Photo: © Studio Karin Sander (Sammlung / Collection René Schmitt, Westoverledingen / Berlin)
65: *Kartoffel / Potato*, Photo: © Andrea Rossetti (Privatsammlung / Private collection Hamburg)

66: *Champignon / Mushroom*, Photo: © Studio Karin Sander
67: *Tamarinde*, Photo: © Studio Karin Sander

68: *Zitrone / Lemon*, Photo: © Studio Karin Sander
69: *Zucchini*, Photo: © Studio Karin Sander (Privatsammlung / Private collection)

70: *Rettich, weiß / Radish, White*, Photo: © Studio Karin Sander (Sammlung / Collection Filser, Mainburg)
71: *Sellerie / Celeriac*, Photo: © Stefan Alber © VG Bild-Kunst Bonn, 2024 (Privatsammlung / Private collection Stuttgart)

Offenheit als gesellschaftliche Utopie
Melissa Makele und Anh-Linh Ngo im Gespräch mit Karin Sander
Openness as Social Utopia
Melissa Makele and Anh-Linh Ngo in conversation with Karin Sander

73: Photo: © Karin Sander
74: Photo: © Nikolai von Rosen
75 (oben/above): Photo: © Andrea Rossetti
75 (unten/below): Photo: © Karin Sander
76 (oben/above): Photo: © Edith Sander, 1962
76 (unten/below): Photo: © Martin Lauffer
77: Photo: © Jens Ziehe
78: Photo: © Markus Wörgötter
79 (oben/above): Photo: © Martin Lauffer
79 (unten/below): Photo: © Sergio Redruello
80 (oben/above): Photo: © Andrea Rossetti
80 (unten/below): Photo: © Andrea Rossetti
81: Photo: © Jens Ziehe

Neighbours
Karin Sander, Philip Ursprung

104: Floorplan © Karin Sander, Courtesy Carlo Scarpa: MAXXI Museo nazionale delle arti del XXI secolo, Roma. Collezione MAXXI Architettura. Archivio Carlo Scarpa; Courtesy Bruno Giacometti: Private archive, Zurich
105: Photo: © Karin Sander

Neighbours and Visitors
Bildessay von/Photo essay by Regina Schmeken

128–157: Photos: © Regina Schmeken

Kitchen Pieces
Teil/Part 2

158: *Tamarillo*, Photo: © Studio Karin Sander
159: *Kopfsalat/Lettuce*, Photo: © Studio Karin Sander

160: *Tomate, rot/Tomato, Red*, Photo: © Studio Karin Sander
161: *Spitzkohl/Pointed Cabbage*, Photo: © Andrea Rossetti

162: *Gurke/Cucumber*, Photo: © Martin Lauffer (Sammlung/Collection Esther Schipper & Florian Wojnar, Berlin)
163: *Kaktusfeige/Prickly Pear*, Photo: © Studio Karin Sander

164: *Cumelo*, Photo: © Studio Karin Sander
165: *Chicoree/Chicory*, Photo: © Andrea Rossetti

166: *Chayote*, Photo: © Studio Karin Sander (Sammlung/Collection Helga de Alvear, Madrid)
167: *Mangold/Chard*, Photo: © Studio Karin Sander

168: *Buddhas Hand/Buddha's Hand*, Photo: © Martin Lauffer
169: *Sellerie/Celeriac*, Photo: © Vigfús Birgisson (Privatsammlung/Private collection Stuttgart)

170: *Bittergurke/Bitter Cucumber*, Photo: © Studio Karin Sander
171: *Engelwurz/Angelica*, Photo: © Vigfús Birgisson

172: *Lauch/Leek*, Photo: © Christiane Righetti (Sammlung/Collection Stadler München/Munich)
173: *Ananas/Pineapple*, Photo: © Andrea Rossetti

174: *Kokosnuss/Coconut*, Photo: © Studio Karin Sander (Sammlung/Collection Helga de Alvear, Madrid)
175: *Kiwi*, Photo: © Studio Karin Sander

176: *Eichblattsalat/Oak Leaf Lettuce*, Photo: © Studio Karin Sander
177: *Birnenkürbis/Pear Squash*, Photo: © Andrea Rossetti

178: *Cantaloupemelone/Cantaloupe*, Photo: © Martin Lauffer
179: *Gurke/Cucumber*, Photo: © Studio Karin Sander (Sammlung/Collection Esther Schipper & Florian Wojnar, Berlin)

180: *Aubergine/Eggplant*, Photo: © Ute Parduhn
181: *Birne/Pear*, Photo: © Studio Karin Sander (Privatsammlung/Private collection Stuttgart)

182: *Salak*, Photo: © Studio Karin Sander
183: *Pomelo*, Photo: © Studio Karin Sander

184: *Heidelbeere/Blueberry*, Photo: © Studio Karin Sander (Sammlung/Collection Manfred Holtfrerich, Hamburg)
185: *Kohlrabi*, Photo: © Studio Karin Sander (Sammlung/Collection Jill Wolf, Saanen)

186: *Flügelbohne/Winged Bean*, Photo: © Studio Karin Sander
187: *Guave/Guava*, Photo: © Studio Karin Sander

188: *Spargel, grün/Aspargus, Green*, Photo: © Studio Karin Sander
189: *Himbeere/Raspberry*, Photo: © Studio Karin Sander

190: *Kartoffel/Potato*, Photo: © Studio Karin Sander (Privatsammlung/Private collection Hamburg)
191: *Radicchio*, Photo: © Studio Karin Sander

192: *Marone/Chestnut*, Photo: © Andrea Rossetti
193: *Taro/Cocoyam*, Photo: © Studio Karin Sander

194: *Kerbelknolle/Chervil Root*, Photo: © Studio Karin Sander
195: *Japanische Aubergine/Japanese Eggplant*, Photo: © Studio Karin Sander

196: *Mairübe/Turnip*, Photo: © Studio Karin Sander
197: *Kaffirlimette/Kaffir lime*, Photo: © Studio Karin Sander

198: *Sapodilla*, Photo: © Studio Karin Sander
199: *Nagel/Nail*, Photo: © Martin Lauffer

200: *Sternfrucht/Star Fruit*, Photo: © Studio Karin Sander (Privatsammlung/Private collection Stuttgart)
201: *Paprika, gelb/Bell Pepper, Yellow*, Photo: © Vigfús Birgisson

202: *Stachelbeere/Gooseberry*, Photo: © Studio Karin Sander
203: *Pepino*, Photo: © Studio Karin Sander

Alle Obst- und Gemüsesorten stammen aus der Serie *Kitchen Pieces* (2012) von Karin Sander.
All fruits and vegetables are from Karin Sander's series *Kitchen Pieces* (2012).

Karin Sander wird vertreten von/is represented by: Esther Schipper, Berlin/Paris/Seoul; Galerie nächst St. Stephan Rosemarie Schwarzwälder, Wien/Vienna; i8 Gallery, Reykjavík, und/and Helga de Alvear, Madrid

ARCH+
Zeitschrift für Architektur und Urbanismus/
Journal for Architecture and Urbanism
57. Jahrgang/April 2024

Verlage/Publishing houses
ARCH+/Spector Books

Herausgeber ARCH+/ARCH+ publishers
Nikolaus Kuhnert, Anh-Linh Ngo

Redaktionsleitung / Editor-in-chief
Anh-Linh Ngo (V.i.S.d.P.)

Geschäftsführung / Managing director
Arno Löbbecke

Redaktion/Editorial team
Nora Dünser, Mirko Gatti, Christian Hiller, Felix Hofmann, Sascha Kellermann, Markus Krieger, Daniel Kuhnert, Victor Lortie, Melissa Makele, Alex Nehmer

CvD/Schlussredaktion/Managing editor
Nora Dünser

Gastredaktion/Guest editor
Karin Sander

Team Studio Karin Sander
Daniela Ihrig (Studioleitung/Head of Studio), Stefan Alber, Martin Lauffer (Bildarchiv/Photo archive)

Team Professur Karin Sander, Architektur und Kunst, D-ARCH, ETH Zürich/Chair Karin Sander, Architecture and Art, D-ARCH, ETH Zurich
Tobias Becker, Clemens Krümmel, Sassa Trülzsch, Harry Walter, Team 3D: Nikolai von Rosen mit/with Jonathan Banz, Adi Grüninger, Adam Kiryk, Nicolas Rolle

ETH zürich

Art direction
Stan Hema, Berlin

Design
Sara Božić, André van Rueth

Reinzeichnung/Final typesetting
Daniel Vandré

Projektmanagement Stan Hema/Project manager for Stan Hema
Niki Moreira

Deutsches Lektorat/German copyediting
Kirsten Thietz

Übersetzungen/Translations
GER–EN:
Petra + Jeremy Gaines (S./p. 92–93, 96–105, 112–127)
Victor Lortie (S./p. 72–81)
Stephen Richards (S./p. 94–95)
EN–GER:
Petra + Jeremy Gaines (S./p. 82–91, 106–111)

Satzkorrektur Englisch/English proofreading
James Copeland

Leitung Ausstellungs- und Forschungsprojekte/Head of research and exhibition projects
Christian Hiller

Leitung Öffentlichkeitsarbeit und Marketing/Head of communications and marketing
Barbara Schindler

Organisation/Operations
Elke Doppelbauer

Leitung Veranstaltungsprogramm/Head of events
Sascha Kellermann

Verlagsassistenz/Publishing assistant
Tillmann Gebauer

Botschafter*innen/Ambassadors
Martin Luce, Christine Rüb

Lithografie/Prepress
Studio Wildermuth

Druck/Printing
Medialis Offsetdruck GmbH, Berlin

ARCH+ features
Initiativpartner/Initiating partner

SSS SIEDLE

Danksagung/Acknowledgment ARCH+

ARCH+ bedankt sich bei Studio Karin Sander, insbesondere Karin Sander und Daniela Ihrig, und allen Beteiligten für die bereichernde Zusammenarbeit für diese Ausgabe.

ARCH+ is thankful to Studio Karin Sander, especially Karin Sander and Daniela Ihrig, as well as to all contributors for the enriching collaboration on this issue.

Danksagung/Acknowledgment Karin Sander

Karin Sander dankt allen Autor*innen/Karin Sander would like to thank all authors: Marc Angélil, Marius Babias, Elke Bippus, Beatriz Colomina, Michael Hagner, Eva Menasse, Letizia Ragaglia, Matthias Sauerbruch, Regina Schmeken, Cary Siress, Bettina Steinbrügge, Philip Ursprung, Harry Walter, Harald Welzer, Mark Wigley und allen, die dieses Heft unterstützt haben/and all who supported this project: Louisa Hutton, Clemens Krümmel, Sassa Trülzsch, Karoline Walter, insbesondere Dank an die ETH Zürich/special thanks to ETH Zurich: Elisabetta Giordano, Sibylle Novello, Brigitte Beck, Tom Emerson.

Dank an/thanks to ARCH+: Anh-Linh Ngo und Team/and team (Nora Dünser, Mirko Gatti, Victor Lortie, Melissa Makele und/and Barbara Schindler) für die Einladung und die hervorragende Zusammenarbeit/for the invitation and the fruitful collaboration.

ARCH+ Verlag GmbH
Friedrichstraße 23a
10969 Berlin
Tel +49 30 340 467 17
verlag@archplus.net
Geschäftsführung/Managing directors:
Nikolaus Kuhnert, Anh-Linh Ngo

ARCH+ gGmbH (nonprofit)
ggmbh@archplus.net

Spendenkonto/Donation account
GLS Bank
IBAN: DE47 4306 0967 1229 2768 01
BIC: GENODEM1GLS
archplus.net/nonprofit

Deutscher Vertrieb/National distribution
ARCH+ Leserservice
PressUp GmbH
Postfach 70 13 11
22013 Hamburg
archplus@pressup.de
Tel +49 40 386 666 355
Fax +49 40 386 666 299

Abonnement/Subscriptions (German issues only)
Regulär Inland €85/Ausland €95
Förderabo Inland €115/Ausland €135
Ermäßigt Inland €65/Ausland €75
(für Studierende, Absolvent*innen)
Digital-Abo €85
Digital-Upgrade €20
archplus.net/abo

Einzelbestellung/Direct orders
vertrieb@archplus.net
archplus.net/shop
Online-Reader €24

Internationaler Vertrieb/International distribution
Spector Books
Harkortstraße 10
04107 Leipzig
www.spectorbooks.com
Österreich/Austria:
GVA, Gemeinsame Verlagsauslieferung Göttingen GmbH & Co. KG, www.gva-verlage.de
Schweiz/Switzerland:
AVA Verlagsauslieferung AG, www.ava.ch
Frankreich, Belgien/France, Belgium:
Interart Paris, www.interart.fr
Großbritannien/UK:
Central Books Ltd, www.centralbooks.com
USA, Kanada, Zentral- und Südamerika, Afrika/USA, Canada, Central and South America, Africa:
ARTBOOK/D.A.P., www.artbook.com
Südkorea/South Korea:
The Book Society, www.thebooksociety.org
Japan:
twelvebooks, www.twelve-books.com
Australien, Neuseeland/Australia, New Zealand:
Perimeter Distribution, www.perimeterdistribution.com

ISSN 0587-3452 (ARCH+)
ISBN 978-3-931435-82-0 (ARCH+)
ISBN 978-3-95905-844-5 (Spector Books)

Erstauflage/First edition: 2024
In Deutschland gedruckt/Printed in Germany